교사반성문

교사 반성문

원로 여교사와 중견 남교사의 에듀레터

박윤숙 · 문주호 지음

창해

그리움이 있어 아름답습니다

청봉초등학교 교장 김동수

첫사랑이 그러하듯 교사로 살아가는 것은 아이들과 함께한 시간이 아득한 그리움으로 남기에 무엇보다 소중한 일입니다. 평생을 아이들 곁에서 울고 웃으며 지내온 선생님의 발자취를 돌아보니 그 속에는 아이들에 대한 무한한 사랑이 넘쳐흐릅니다.

첫 발령지에서 만난 아이들에 대한 기억을 바로 어제 일처럼 생생히 되살려내고, 아이들과 주고받은 편지 한 장, 사진 한 장까지 소중히 간직하고 계신 것만으로도 선생님은 천생 교사입니다.

"잘 보고, 잘 들어야 알 수 있다. 미안하다고 사과할 줄 알아야 한다."는 선생님의 교육철학은 우리 교육이 지향하는 기본 중의 기본입니다. 그런 생각을 한결같이 가르쳐오신 선생님의 40여 년 교직 생활에 큰 박수를 보내드립니다.

코로나-19로 사람들이 가장 어려워하는 문제는 관계의 단절입니다. 첫 발령 때의 그 마음을 잊지 않고 늘 경쾌하고 당당하게 살아오신 박윤숙 선생님의 교직 생활에 대한 기록이 이 단절의 시대에 많은 후배 교사들에게 새로운 연결을 만드는 계기가 될 것으로 믿습니다.

산다는 것은 날마다 새로운 오늘을 맞이하는 것입니다. 박윤숙 선생님의 앞날이 늘 새롭기를 바라며 책 출간을 축하드립니다.

2021년 11월의 어느 날

1

담임이라는 무게를
내려놓기까지

그래서 제가 학생에게 다시 가서 사과를 했어요.
"네가 즐겁게 한 것을 물어보지도 않고 선생님이 막 지워서
미안해." 하고요.
그리고 잠시 기다렸다가 "선생님의 사과를 받아주겠니?"
했더니 얼굴이 환해지면서 "네!" 하더군요.
그 뒤로 아이는 밝고 씩씩한 모습으로 즐겁게 공부했어요.

👦 "담임이라는 무게를 내려놓기까지"라는 주제로 이야기를 나누면서 《교사 반성문》을 시작하고자 합니다. 제가 주로 질문이나 논점을 바꿔가며 대화를 진행하겠습니다. 그냥 편하게 하시면 됩니다.

👩 편하게 하라고 하시는데, 처음이라 많이 긴장됩니다. 그렇지만 문주호 선생님과 하니 안심이 됩니다. 잘 부탁드려요.

👦 이제 시작해볼게요. 먼저 간단히 자기소개를 해주시죠. 저는 올해로 교직 경력 23년이 되는 문주호라고 합니다. 첫 발령지는 원주 '평원초'였고 '서원주초', '속초초'를 거쳐 '교동초'를 마지막으로 수석교사가 되어 '양양초', '교동초'를 거쳐 현재는 '청봉초'에서 근무하고 있습니다.

👩 안녕하세요? 저는 박윤숙입니다. 교직 경력 40년차입니다.

👦 선생님과 제가 처음 교직에서 만나 이야기를 나눈 게 어제 같은데, 벌써 둘의 경력을 합치면 60년이 훌쩍 넘었습니다. 오늘은 〈담임이라는 무게를 내려놓기까지〉라는 주제로 대화를 나눠보려고 합니다. 평소 생각하신 것이나 해주시고 싶은 말씀

이 있으면 다 해주세요. 제가 알기로 선생님은 강원도에서 첫 발령을 받지는 않으셨는데요.

🧑 네. 서울교대 2년제 마지막 19회입니다. 첫 발령은 강남 '구정국민학교'를 시작으로 남한산성 아래쪽에 자리한 '거여국민학교'에서 근무했어요. 포장도로와 비포장도로를 사용하던 학교로 이동하면서 교육환경이 급격히 차이가 나서 적응하는 데 많이 힘들었죠.

세 번째로 '길동국민학교'로 이동해 1년 뒤 둘째 아이를 출산하고 3년 동안 육아휴직을 했습니다. 남편이 춘천고등학교에서 근무 중이어서 육아휴직 기간에 춘천으로 이사해서 육아를 하며 강원도의 맛을 알게 되었습니다.

그 뒤 암사동에 있는 '신암국민학교'로 복직했고, 1994년 9월 1일자로 강원도 고성군 '대진국민학교'로 발령을 받아 강원도 교육 가족이 되었습니다. 대진에 근무할 때 학교 명칭이 초등학교로 바뀌었죠.

그 뒤 '거진초', 속초 '중앙초', '소야초', '청봉초'를 거쳐 지역 만기가 되어 고성 '천진초', '인흥초' 근무를 마친 뒤 다시 속초 '청봉초'로 와서 교직을 마무리하게 되었습니다.

😊 사랑을 따라 넘어오신 거네요. 부군께서는 현재 중등에서 근무하고 계시죠.

👩 맞아요. 사랑을 따라 강원도로 왔고 첫 근무지가 고성 '대진'이었는데, 너무 멀고 힘들었어요. 1994년에는 대진 가는 길이 굽이굽이 2차선이었는데, 군 차량을 만나면 한없이 기다리다가 가보면 지각을 하기도 했던 추억이 아련히 떠오릅니다. 저를 서울에서 강원도로 이끈 남편은 마음 따뜻한 친구처럼 든든한 동료가 되어주었고, 많이 의지하며 여기까지 왔어요.

😊 친구처럼 의지한다는 말씀이 피부에 와닿네요. 부부 교사라는 것이 어떤 점이 좋고, 어떤 점이 불편하셨는지요?

👩 좋은 점이라면, 남편이 중등에 근무하고 있어 서로의 동료가 많이 겹치지 않아서 편했어요. 같은 조직에 근무하면 대인관계가 살짝 불편해지게 마련인데, 그나마 초등과 중등은 겹치는 관계가 적어서 불편함보다는 동료 교사로서 겪는 소소한 일상을 편하게 나눌 수 있고, 때로는 지지자가 되어주어서 좋은 점이 더 많았던 것 같아요.
특히 남편은 마음 씀씀이가 넓고 편안한 사람이죠. 이야기를 나누다 보니 제가 덕을 많이 보며 여기까지 온 것 같아요.

🙂 사고방식이 긍정적이어서 항상 그렇게 힘이 넘치시는 게 아닌가 싶습니다.

😊 그런가요? 좋은 시선으로 봐주시니 감사합니다.

🙂 저도 부부 교사이다 보니 서로 인정해주고 부족한 부분을 채워가며 더 발전하지 않나 하는 생각이 드네요. 그럼 선생님은 첫 담임을 어느 학교에서 하셨는지요? 그리고 기억에 남는 사람이나 학교가 있는지요?

😊 저는 80학번으로 대한민국 근대사의 쓰라린 한 축인 '5·18 민주화운동'이 일어난 해에 대학생활을 시작했어요. 그해는 사회 전체가 혼란했고 대학가는 휴업과 휴강을 반복했죠.
당시에는 임용고시 없이 무조건 발령을 내주던 때라 학점에 신경 쓰기보다는 서클 활동을 즐기다 보니 3월에 발령이 나지 못했어요. 그래서 두 달쯤 집에서 눈치 보며 지내다가, 5월 어린이날 무렵 압구정동 '구정국민학교'로 발령을 받았어요. 학교가 생긴 이래 신규 교사 발령은 처음이었다고 해요. 그래서 선배님들의 사랑을 듬뿍 받으며 증치교사로 시작했죠.

증치교사요? 저는 처음 듣는 용어입니다만.

처음 들으셨지요? 그 용어는 바로 없어졌어요. 국어사전을 보면 '증치[增置] : 시설 따위를 늘려서 설치함'이라고 설명되어 있어요. 그 당시 교사 발령을 받고 교무실에서 근무하면서 공문 정리하기, 민원전화 받기, 교원명부 사진 붙이고 경력 수기로 정리하기 등 교감선생님의 일을 도와드리다가 선생님이 결근하거나 출장 가시는 반의 보결 수업을 했어요.
학급당 학생수가 50~60명이고 한 학년이 10개 반씩이었던 시절이니 교사의 근무 상황이 복잡했어요. 선배님들의 이야기를 들어보면 출산을 할 경우 본인이 강사를 구해놓고 휴가를 사용하셨다고 하니까요. 증치교사 제도는 교사를 위한 복지의 시작이 되었을 수도 있겠다는 생각이 듭니다.

큰 학교에서 첫 발령을 받으셨군요. 지금은 출산율이 낮아져서인지 그런 다인수 다학급이 점점 줄어드는 것 같아요. 교무행정사는 생긴 지 수년밖에 안 되니 교무행정사 더하기 보결강사라고 보면 되겠네요. 첫 발령지에서 가장 기억에 남는 일(사건)이나 사람이 있다면 소개해주시죠. 기억을 더듬어보는 시간을 가져보려 합니다. 생각 한번 해보시겠어요.

추억 여행이라……. 생각나네요. 2004년 '소야초'에서 만난 학부모님이 자신의 블로그에 딸 아이 소식을 전하면서 담임인 제 사진도 함께 올렸는데, 그 사진을 보고 블로그를 운영하는 학부모님께 서울 '구정초등학교'때 담임선생님 같은데 혹시 서울에서 근무하셨는지 문의가 왔다는 연락을 받았어요. 그 학부모님도 놀라서 고민하다 전화를 하셨더라고요. 이름을 물어보니 '최*윤'이라고 하는데, 바로 떠오르지 않아서 집에 돌아와 그 시절 편지와 사진을 찾아보고 생각났어요. 그 친구는 두 번째 발령 때 5학년 5반 학생이었죠. 그렇게 연락이 닿아 처음 전화통화를 할 때 수화기 너머로 들려오던 제자의 목소리를 기억합니다. 엄청 반갑기도 하고 신기하고 설렜죠.
지금은 보석감정사로 남편과 사업을 하고 있고 아들 준이와 딸 정이, 시부모님과 함께 잘 지내고 있다는 소식을 주고받다가 그 뒤 제가 서울 갈 일이 있어서 고속터미널에서 만났어요. 그때 편지와 사진을 가져갔는데, 자기 편지를 보고 신기해했어요. 제일 기억나는 게 5학년 전체 학생을 모아놓고 제가 태권도를 가르쳤던 일이라고 하더라고요.

사실 제가 태권 무도인입니다. 대학 시절 태권반 동아리를 했어요. 그때 국기원에서 주는 2단까지 심사를 통과해서 태권도 2단 자격이 있었죠. 그리고 그 시절 5학년 체육 교과에 태권도 단원이 있었는데, 제가 얼마나 용감했던지 부장 선생님께 5학년 태권도를 운동장에서 가르치겠다고 했어요.

그리고 두 팀으로 나눠서 나무 그늘 아래 300명씩 모아놓고 수업을 했죠. 하얀 태권도 도복에 검은 띠를 매고 커트 머리를 한 어린 선생님이 우렁찬 목소리로 구령을 붙여가며 태권도를 가르치는 모습을 상상해보세요. 아휴, 몸이 오그라드는 일이었어요. 지금 하라면 못할 것 같은데, 순수한 열정으로 가득했던 초임 시절이기에 가능했겠지요?

공부를 못해서 발령을 늦게 또는 1년 뒤에 받는 분들이 학교 현장에 훨씬 잘 적응하는 것 같아요. 사람에 따라 다르겠지만, 바로 학교 현장에 나오기보다는 기간제나 다른 일을 하다가 들어오시는 선생님들이 훨씬 생각의 폭이 넓더라고요. 기억에 남는 사건이나 사람, 기억나시는 또 다른 사건은 없나요?

제가 발령을 받고 반 년 3학년, 일 년 5학년을 맡았고 그 뒤로 3년간 6학년 담임을 했어요. 그중 1986년 6학년 아이들이 기억납니다. 저는 경험은 없으면서 열정 하나로 아이들과 즐겁게 보냈어요. 학급 이름과 반가도 공모해서 뽑았어요.

반 이름은 부반장 '하*미'가 올린 난파선, 반가는 '모래요정 바람돌이' 주제가를 개사한 '윤*식'의 반가가 뽑혔어요. 식이는 반기를 만들어 교실 앞쪽에 걸어두었죠. 그리고 아이들과 난파선 학예회를 하며 기타를 연주하던 '승범', 키다리 반장 '준영', 테너 목소리의 '현성'이 부르던 노래. 하교 시간에 반가를 부르며 우정을 나누던 시간들. 하나하나 생각나면서 그때의 풋풋한 열정이 되살아나는 것 같아 행복합니다.

🧒 그때 선생님 나이가?

👩 교직에 들어온 나이가 만 스물한 살이니까 20대 초반의 일이군요. 오래전 일이네요.

🧒 그런데 반 이름이 난파선이라고요? 이유가 뭐죠?

👩 애들이 지었어요. 난[難 : 어려울 난], 파[波 : 깨뜨릴 파], 선[船 : 배 선]. 어려움을 헤쳐나가는 배라고.

반 이름으로 참 의미가 있네요.

꿈보다 해몽이 좋았죠. 그때 당시 부반장 별명이 호호아줌마였고요.

호호아줌마? 그건 또 무슨 의미죠?

<호호아줌마>라는 만화영화가 있어요. 부반장 영미는 작은 호호아줌마처럼 넉넉하게 항상 웃으며 학급을 이끌어갔어요. 그래서 호호아줌마라고 했었죠. 그때 그 친구가 자기를 기억하라며 주었던 도자기 인형을 아직 가지고 있어요. 또 반가를 적어서 아이들이 만든 공책과 아이들의 편지도 거의 보관되어 있고요. 당시 아이들의 수준이 참 높았어요.

인형을 아직 간직하고 계시다니 대단하시네요.

사회 시간에 박경리 선생의 《토지》를 읽고 나누었던 기억들, '용정'에 가서 나라를 지켜야 하는 이유에 대한 이야기 등등 그때 아이들이 제 이야기를 경청해주고 서로 생각을 나눴던 기억이 납니다. 그리고 증치교사로 보결 수업을 가서 만난 친구들 중에 유명인사도 많답니다.

제가 중간 5월 발령을 받고 얼마 지나지 않았을 때의 일이에요. 조용하던 운동장이 갑자기 시끌벅적한 거예요. 월말고사가 끝나면 6학년 아이들이 운동장에서 축구를 하는데, 유난히 잘생기고 멋진 애가 운동장을 누비며 신나게 경기를 하길래 교감선생님께 여쭤봤죠. 그랬더니 배우 '남**' 씨의 아들이라고 소개해주시더라고요.

그 친구는 예의도 바른 데다 친구들에게도 인기가 많고 선생님들이 칭찬을 아끼지 않는 친구였어요. 세월이 흘러 그 학생이 정치가가 되어 TV에 나올 때면 사람들이 뭐라고 하든 흐뭇한 마음으로 바라보게 되더군요.

기억나는 사건으로 성적 처리에 대해 말씀드릴게요. 당시는 월말고사, 기말고사를 보고 성적 처리를 하던 때였죠. 지금의 고등학생들처럼 소수점까지 점수를 냈어요. 지금은 수행평가라고 하지만 그때는 명칭이 달랐는데, 기억이 안 나네요. 중요한 건 수행평가 기준인데, 지필평가 80%와 수행평가 20%를 적용했어요. 그런데 수행평가는 교사 재량으로 주면 공정하지 않다면서 수행 20% 안에서 또 상 30%, 중 60%, 하 10%로 학급 인원에 비례해 정확한 기준을 정해서 평가했어요. 수행 퍼센트에 맞는지 일일이 숫자를 세고 표시해서 제출했죠. 월말고사 채점도 학년 담임이 모두 한 교실에 모여서 정답 처리 기준을 협의하며 채점했어요. 그리고 자기 반은 채점을 못하고 다른 반 것을 채점했죠. 생각해보면 성적 관리를 살벌하게 했던 것 같아요. 또 그땐 가끔 부모님들이 간식을 챙겨 와서 맛있게 먹기도 했어요. 지금은 김영란법으로 모두 사라진 낭만이죠.

유명 배우가 된 송** 학생은 스카우트 활동을 하며 만났어요. 초등학생 때도 외모가 출중하고 활발한 친구였죠. 어느 해에는 충청북도 속리산에 한 초등학교로 스카우트 여름 야영을 갔어요. 학교 교실을 숙소로 정해 남학생 1층, 여학생 2층으로 분리했어요. 그런데 남학생들이 여학생들과 놀고 싶다고 2층으로 올라가다 선생님들께 걸려서 야단을 맞는 일이 있었는데 송**도 그 무리 속에 끼어 있었던 걸로 기억해요. 다음 해엔 동생 송이 담임을 했었죠. 새롭고 신선한 경험이었어요.

그 밖에도 화산 실험을 하다가 폭발해서 사고가 날 뻔한 일도 있었네요. 와! 즐거운 기억이 꼬리에 꼬리를 물며 떠오르네요. 여기서 멈추는 게 좋겠지요?

전 사실 부주의한 편이라 이사하면서 과거 제자들의 사진, 편지 등을 다 분실해서⋯⋯. 그렇게 모아두신 것만 봐도 제자 사랑이 대단하시다는 것을 알 수 있네요. 그때 제자들이 벌써

40~50대가 되었겠군요.

그렇죠. 요즘에도 스승의 날이 되면 꼭 연락해주는 제자 수연이가 큰딸이 고 3이라 긴장된다는 이야기를 나눴어요. 이름이 정*인데, 그 녀석은 돌도 되기 전에 제자들과 번개팅을 했어요. 서울 현대백화점에서 만났는데 그때 정*를 데리고 나왔더라고요. 오줌 쌌을 때 기저귀도 갈아주고 동화책도 선물했었죠. 제가 할머니가 된 것 같은 기분이었어요.

좋은 일들만 기억하신다고 했는데, 저는 그런 선생님의 태도가 지금까지도 교직에서 열정을 불태우며 버틸 수 있게 한 원동력이 아닌가 생각합니다.

좋게 봐주시니 감사해요. 6학년 첫 제자들이 72년생이었네요.

72년생이면 저와 같은 나이군요. 세월이 참 빠르죠. 저도 제 아이들이 벌써 성인이 되는 것을 보며 참 많은 생각이 교차합니다.

네. 세월이 참 빠르네요.

그럼 오늘의 주제인 담임에 대해서 이야기를 나눠볼게요. 담임과 전담교사의 위치가 좀 다른데요, 담임으로서 갖추어야 할 소질이나 태도에는 어떤 게 있을까요?

40년 교직 생활 중 전담교사는 대략 15년쯤 했어요. 그러니까 담임 업무와 전담 업무를 절반씩 한 셈이죠.

그럼 양쪽에 대해서 다 이야기를 나눠주셔도 좋겠군요. 저 또한 교직의 반반을 담임과 전담을 했죠. 그래서 나름대로 고충을 이해하고 있다고 생각합니다. 저보다 경험이 더 많으시니 도움되는 이야기가 나올 것 같아요. 저희가 이 책을 기획한 것도 후배 교사들에게 선배 교사가 해주는 넋두리를 조금 편안하게 적어서 보여주자는 의도였으니까요. 담임의 가장 중요한 덕목으로는 무엇이 있을까요?

교사로서 오랜 시간을 보내 왕선배의 자리에 와 있지만, 사실 후배님들께 꺼내놓을 만한 경륜을 갖추고 있지는 못합니다. 어떤 덕목을 제시하든 먼저 교사가 자기 자신을 믿고 사랑

할 수 있어야만 이룰 수 있겠지요? 그럼에도 저 나름대로 정한 기준이 있습니다.

제가 다니는 교회에서 어머니들을 위한 '마더와이즈(Mother-wise)' 프로그램을 시작하면서 저도 함께 참여하게 되었어요. 그중 〈자유〉 편, 좋은 어머니 팁에 "멈추라, 사랑하라, 경청하라. 하던 일을 멈추고 관심을 집중하며, 자녀에게 사랑이 전달되게 하라. 그리고 아이의 말을 주의 깊게 들어주라."는 문장을 읽고 학교에서 만난 아이들에게도 적용해봐야겠다는 생각이 들었어요.

🙂 계속 이야기해 주시죠.

👧 그 뒤 '우리 반의 따뜻한 약속'을 만들었어요. "잘 듣고 합니다", "잘 보고 합니다", "서로 소리 내어 알리며 해 나갑니다 – 지금 여기를 정성껏 살아갑니다"입니다.

게쉬탈트 상담기법 개념 중 '알아차림'에 기반을 둔 약속인데요, 이 또한 함께 공부하던 후배에게 듣고서 저에게 적용한 예입니다. 반 아이들과 매일 소리 내어 읽고 하루를 시작합니다. 이 약속은 저 스스로에게 하는 다짐이기도 해요. 다들 공감하실 겁니다.

담임으로서 해야 할 일이 너무 다양하고 너무 많아서 아이들의 마음을 알아차리기가 쉽지 않습니다. 좋은 담임이 되기 위한 노력이라고 생각해주세요. 제 경우, 늦은 나이에 상담심리 대학원 공부를 했습니다.

늦깎이 공부를 하셨군요.

쉰넷에 시작했어요. 그런데 너무 감사해요, 지금은. 공부를 시작하게 된 계기가 있어요.

계기가 궁금하네요.

제가 승진을 하려고 준비한 것은 아닌데 학교 형편상 교무부장을 맡게 되었어요. 교무부장 업무는 저 스스로 해낼 수 있다고 판단해 큰 고민 없이 맡았는데, 동료 교사들이나 업무보다는 교장선생님·교감선생님과의 관계가 많이 힘들었어요. 두 분이 업무에 대해 의견이 다른 데 제 앞에서는 정확한 의사 표현을 하시지 않고 있다가 막바지에 계획을 확 틀어버리는 일이 생기니 너무 힘들더라고요. 때로는 주변 지인들을 통해 들려오는 소문들을 듣고 알아차리곤 했죠.

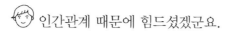 인간관계 때문에 힘드셨겠군요.

그 사이에서 자존감이 한없이 떨어지면서 몸도 마음도 많이 힘들었죠. 공부를 하면서 나를 바라보게 되었는데, 저는 어떤 문제에 직면하면 담대하게 대응하지 못하고 제 속에 두려움이 몰려와요. 아무 생각도 안 나서 상대방에게 말도 못하고 끝나버리죠. 그러고 나면 지나간 상황을 내게 유리한 쪽으로 만들어 회피하거나 내 탓을 하면서 숨어버릴 때가 많았어요. 그때마다 급체와 심한 편두통으로 신체화 현상이 나타났고요.

두려움이 교직에서 큰 장애물이 될 때가 있죠. 그래서 불의나 불편함을 보고 이야기하지 못하는 분위기가 아직도 강한 듯합니다.

그런데 제가 그런 상황이었어요. 연구부장과 교무부장의 위치가 다르더라고요. 연구부장을 할 때는 제 생각을 잘 표현했던 것 같은데, 두 분은 익히 경험해보지 못한 유형이기는 했어요. 그러다가 후배님이 승진을 준비하면서 본인이 교무부장을 하고 싶다고 해서 담임을 하게 되었지요.

그런 일이 학교 현장에 많지는 않은데, 참 힘드셨을 듯합니다.

제가 건강하지 못했기 때문이라는 생각을 해봅니다.

건강하지 못했다는 것은 정신적인 면에서인가요?

네. 정신적인 측면에서 내린 생각입니다. 건강하지 못한 것은 열등감에서 오는 거라고 생각합니다. 제 안에 내가 한 일에 대해 인정받고 싶은 욕구가 많았나 봐요. 남이 내린 평가에 대해 변명과 이유를 대며 실패를 인정하지 못하더라고요. 어쩔 수 없이 인정하게 되면 속상해서 내 탓, 남 탓을 하며 겉으로 드러나지 않게 긴 시간 속을 끓였죠.

5학년 담임을 하게 되고 전담을 하면서 그 문제를 겪었어요. 반 아이들과 즐겁게 시작해서 잘 지냈는데, 가을 운동회가 끝나고 나서 학생들 사이에서 문제가 생겼어요. 그 당시 유행했던 여학생들의 단체문자방(지금의 단톡방)에서 한 여학생을 왕따시키고 언어폭력을 행사하는 일이 생긴 거예요.

카톡이요?

제 기억으로는 카톡이 그 무렵에 시작되었던 것 같아요. 저는 2G폰을 사용하고 있어서 학생들 사이에 벌어지는 일을 알아차리지 못하고 있다가 피해 학생 어머님이 상담 요청을 하셔서 듣게 되었지요. 저 나름대로 아이들과 상담도 하고 잘 해결하려고 노력했지만, 일대일 상담이 아닌 집단상담에 익숙하지 못해 해결의 실마리를 찾는 데 어려움을 겪었습니다. 그 사건이 마무리되기는 했지만 개운치 않고 마음 한구석에 가시처럼 걸려 있어서, 생각할수록 속상하고 자신감이 떨어지는 거예요.

그런 언어폭력과 왕따 문제가 교사를 힘들게 하죠.

맞아요. 그렇게 된 배경에는 여러 이유가 있었겠지만, 가장 중요한 것은 나를 내가 모르고 있었기 때문이라 판단했죠. 내 탓을 하며 곱씹어보니 제가 한 여학생을 편애해서 생긴 일이었구나 하는 생각이 들었어요. 앞서 말씀드렸듯이 담임을 맡기 전 교무부장을 할 때 모든 선생님이 교육청으로 출장을 가시고 저 혼자 학교에 남아 근무를 했던 적이 있어요.
그때 체육관에서 방과후 활동을 하던 여학생이 철제로 만든 배구공 보관함 뚜껑을 닫다가 손가락이 끼이는 사고가 났어요. 손가락이 심하게 부어올라 당황했지만 정신을 차리고 신속히 병원으로 데려갔죠. 검사 결과 신경에는 이상이 없지만 입원 치료를 해야 했어요.

뒤늦게 아빠와 할머니가 오셨는데 한부모 가정이더라고요. 그 뒤로 그 학생을 남다르게 생각하게 되었어요. 그런데 그 학생이 우리 반이 되었고, 남다른 마음으로 대하며 학급을 운영했으니 다른 학생들이 어떻게 생각했겠어요. 또 그 학생은 언니로부터 배워 또래 아이들보다 말과 행동이 성숙했기 때문에 자연스레 아이들의 리더가 되어 있었어요. 뒤늦게 알아차리고 나니 저 자신이 창피하고 속상해서 스스로 많은 생각을 하게 되었죠.

힘든 부분이 많죠. 그때는 지금처럼 매뉴얼도 없는 시기였고요. 그런 경험이 공부하는 계기가 되었겠군요.

경력이 아무리 많아도 잘 모르면 힘들더라고요. 그건 경력이 해결해 줄 수 없는 넘사벽인 것 같아요. 그래서 전 후배 교사들을 보면 안타까움을 느낍니다. 사실 선배 교사가 나서서 해결해줄 수가 없죠. 특히 학교폭력 문제는.

🙂 2000년대 초반까지만 해도 아이들과 학부모 모두 선생님의 말씀을 잘 따라주던 시대였지요.

🙂 인터넷이 발달된 것도 아니고 해서 담임으로서 별다른 어려움을 느끼지 못했어요. 특히 제 경우 언니 세 분이 초등 교사인 데다 주변에 교사들이 많았어요. 그러니까 그 나름대로 간접경험을 많이 하고 교직에 들어왔고, 당시에는 교사에 대한 학부모, 학생, 사회의 시선이 그래도 따뜻했던 시기여서 잘 보냈죠.

🙂 따뜻한 시기라는 게 정말 있었는지 지금은 기억조차 희미합니다. 슬픈 교직 사회입니다.

🙂 그리고 강원도로 도간 전출하기 전 2년 반 동안 육아휴직을 했어요. 그리고 강원도 교육에 정착한 뒤로는 보직 교사를 맡으며 전담교사를 꽤 긴 시간 했고요. 학교를 이동할 때마다 보직을 맡고 전담교사를 하다 중간에 담임을 맡게 되면 담임으로서의 부족함에 대해 변명을 하며 넘어갔죠. 전담과 담임교사의 차이를 구분해 경계를 세워야 하는데 그걸 제대로 하지 못했던 거예요.

전담교사와 담임교사의 공통점은 뭐고, 차이점은 뭘까요?

공통점이라면 우리의 기본 업무인 아이들을 가르치는 일이라고 생각해요. 차이점은 전담의 경우 주어진 과목만 가르치고 시간이 제한돼 있어 교사와 학생 사이에 깊은 관계를 형성하기가 어렵다는 거죠. 전담교사는 객관적인 관점으로 바라보기 때문에 웬만하면 장점만 보게 되고, 아이의 행동에 깊이 관여할 시간이 없으니 학생 생활지도 쪽에 관심을 기울이지 못해요. 그래서 책임감도 조금 부족한 것 같아요. 하지만 담임이 되면 달라지죠.

담임일 때는 뭐가 다를까요?

우선 한 해 동안 내게 맡겨진 학생들의 생활 전반을 보살펴야 해요. 생활지도, 학습지도는 물론 아이의 성장을 위한 프로젝트를 추진하며 학급을 운영하죠. 학생의 생활 습관뿐만 아니라 인격 형성에 큰 영향을 주거든요.

확실히 초등학교는 담임의 영향력이 막강한 것 같아요.

전담교사를 하면서 학년이 같아도 반마다 아이들의 분위기가 다르다는 걸 알게 됐죠. 학급 아이들의 모습에서 담임선생님의 교육관을 볼 수 있어요. 선생님도 경험하시죠? 우리가 아이를 보면서 그 부모의 성향과 가정의 생활 모습을 유추할 수 있듯이 말이에요

그렇죠. 교사는 담임을 안 하면 감이 떨어지는 것 같아요. 저도 수석교사를 8년째 하니 담임들이 하는 일이 너무 많고 겁도 나더라고요.

그래서 담임 역할을 이야기하려면 무엇보다 담임선생님을 먼저 챙겨야 한다고 생각합니다. 다시 말해 교사는 뛰어난 지적 능력보다는 아이를 잘 보고 아이의 소리를 들을 수 있는 능력이 중요하다는 것을 간과해서는 안 됩니다.

우리가 잘 아는 대로 부모는 아이들의 거울이라고 하잖아요. 초등학교 담임교사도 아이들의 두 번째 거울이 되니 그 책임이 무겁게 느껴집니다.

맞습니다. 이건 교사만이 아는 경험이자 공통된 의견이

죠. 그런데 요즘 담임은 너무 힘들어요.

교사에 대한 존중이 약해지면서 학부모와 사회의 요구가 너무 많고 우리가 해야 할 역할은 너무 넓어져 있어요.

교직은 변화하고 있고 사회적 요구가 더욱더 커진다는 생각을 많이 하게 됩니다. 초등교사가 그중 으뜸이죠. 잘해내는 거요. 사실 전 이게 불만이기는 해요. 잘 못하는 분들도 있거든요. 그분들의 상대적 박탈감이 크죠. 그러다 보니 교사들의 노동 강도가 너무 높아져서 몸도 마음도 다 지쳐 있어요.

동의합니다. 우리 교사들이 그걸 또 잘해내니 교사에 대한 기대치가 계속 높아져 책임과 의무를 높여가는 것은 아닌가 생각합니다. 학교라는 필드를 떠나는 저로서는 안타까움과 걱정이 많아요.

먼저 교사인 우리들이 먼저 교사의 가장 중요한 역할, 즉 우선순위에 대해 토론하고 생각을 나눠야 할 때입니다. 이번 코로나-19로 급격히 변화된 교실 수업을 보면서 선생님들이 참 대단하다는 걸 인정하지 않을 수 없었습니다.

 네. 너무 대단하세요. 금세 적응하고 어마어마한 자료들을 만들어내더라고요.

다음 질문 드릴게요. 자신을 믿고 사랑하라는 내용을 어떻게 실천하고, 어떤 마음가짐으로 교직을 감당해야 할까요?

제가 즐겨 보았던 드라마 〈낭만 닥터 김사부〉에 나온 장면이에요. "당신은 좋은 의사입니까? 최고의 의사입니까?"라는 질문에 이렇게 대답하더라고요.
"환자에게 물어봐. 뭐라고 할 거 같아?"
"실력 있는 의사요."
김사부의 대답은 "필요한 의사야."였죠.
먼저 자신을 믿고 사랑할 수 있는 교사라면 학생들을 바라보며 사랑해줄 수 있는, 필요한 선생님이 되지 않을까요? 제 경우 있는 그대로의 모습을 인정하는 용기를 얻고 나서 저 자신을 믿고 사랑하게 되었습니다.

좀 더 구체적으로 설명해 주신다면요?

자신이 한 일에 대해 잘한 것은 잘난 척하고, 실수한 것은 바로 알아차리고 인정할 수 있는 용기를 가지는 것이라 말씀드리고 싶네요. 어제 음악시간에 일어난 일이에요. 비발디의 〈사계〉 중 '여름'을 감상하며 여름에 대한 마인드맵을 그리는 시간이었죠. 마인드맵 하면 우리가 생각하는 기본 프레임이 있잖아요.

제가 열심히 설명하고 그림으로 그려가며 이야기를 나눴는데, 앞서 말했던 이** 친구는 여름을 중심으로 그냥 12가지를 쭉 나열만 해놓았더라고요. 이미 마인드맵의 기본 형식을 알려주고 설명을 해주었기 때문에 저는 검사를 하면서 "이게 아니고 ~"하고 그 아이가 해 온 것을 지웠어요. 그랬더니 아이가 눈에서 눈물을 뚝뚝 흘리며 아무 말 없이 서 있는 거예요.

깜짝 놀라서 바라보는데, 아! 퍼뜩 아이의 마음이 보이는 거예요. 평소 문제가 주어지면 어찌해야 할지 몰라 항상 늦게 마무리하던 아이가 이번엔 신나게 자기가 좋아하는 여름에 대해 적었는데, 그걸 형식에 안 맞는다고 선생님이 막 지웠으니 얼마나 속상했겠어요.

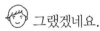 그랬겠네요.

그래서 제가 학생에게 다시 가서 사과를 했어요. "네가

즐겁게 한 것을 물어보지도 않고 선생님이 막 지워서 미안해." 하고요. 그리고 잠시 기다렸다가 "선생님의 사과를 받아주겠니?" 했더니 얼굴이 환해지면서 "네!" 하더군요. 그 뒤로 아이는 밝고 씩씩한 모습으로 즐겁게 공부했어요.

저도 요즘 교사지만, 학생들에게 미안하다고 사과할 수 있는 용기가 필요한 것 같습니다.

이런 모습은 나를 믿고 사랑하는 데서 나올 수 있는 용기라고 생각해요.

오늘 오랜 시간 동안 대화를 나눴는데, 첫 교육 수다가 어떠셨어요?

주어지는 질문 앞에서 떨리는 마음으로 잠시 숨을 고르게 됩니다. 교사로서의 삶에 멈춤이 있을 거라는 생각을 못하고 앞으로 달려가기만 했어요. 교직을 마무리할 때가 다가오니 이제야 담임의 역할을 알게 되는 것 같은데……. 어색하고 저 자신이 너무 부족하단 생각이 들어서 앞으로 계속할 수 있을지 걱정입니다.

처음이라서 좀 어색하지만, 차츰 나아지리라 생각합니다.

그런데 여기서 잠깐 생각을 정리한 뒤 진행하고 싶네요. 우리 교사들은 자기 자신을 돌보는 것 보다 타인을 위해 애쓰는 것으로 보상받고 위로 받으려 하는 경향이 있어요. 저 자신을 포함해서 말이죠. 그 경계선을 알아차리기가 어려운 것 같아요.

좋은 수업 만들기 연수도 물론 중요하지만, 교사들이 자신의 마음을 챙기고 자신의 마음을 들여다볼 수 있는 연수를 더 많이 받고 찾아내면 좋겠다는 생각이 들어요. 저도 그 이후 연수의 주제가 달라졌답니다.

그 이후 선택한 연수의 주제가 달라졌다고 하셨는데, 어떻게 달라지셨나요?

먼저 자신을 돌아볼 필요가 있는 것 같아 조심스레 꺼내봅니다. 저는 새로운 지식을 알게 되었을 때 기쁨과 만족을 느끼는 사람이에요. 그래서 그간의 연수 기록을 살펴보면 교수법, 상담 기법 등 기술적 향상을 위한 연수를 많이 들었죠. 그렇게 들어서 아는 것은 많아졌는데 현장에 적용, 완성하려는 노력을 잘 못했어요.

다시 말해, 초창기에는 자기계발을 통해 많이 배우고 알게 됨으로써 기쁨을 느낀다는 말씀인가요?

인풋(Input)과 아웃풋(Output) 사이에 공간을 두어야 한다는 것을 알지 못했죠. 배운 것에 대해 내가 먼저 수용하고 시행착오를 겪더라도 교실에서 적극 적용해야 하는데, 저는 배움 그 자체의 즐거움에 만족하며 지낸 시간이 많았어요.

처음부터 완벽하기는 쉽지 않죠. 저도 과거에 연수를 참 많이 들었던 사람입니다. 처음에는 이것저것 듣다가 차츰 관심 분야로 집중되더군요.

연수 주제가 점점 나를 찾아 떠나는 여행 쪽으로 집중됐어요.

자아 찾기 여행인가요? 주로 어떤 내용이 기억에 남으셨나요?

👧 나는 누구지? 어떤 사람이지? 무엇을 위해 가고 있지? 여기에 초점을 맞추게 되더라고요. 시선의 방향이 바뀐 거죠. 전에는 밖에서 많은 것을 배워서 채우면 잘할 수 있을 거라고 생각했다면, 지금은 내 안에 있는 지식을 정리하며 중심을 찾아가려 한다고 할까요? 나의 상태, 나의 감정, 내가 할 수 있는 일을 알아차리게 되는 거죠.

나를 인정하는 것이라고 할까? 예전엔 핑계와 변명이 많았다면 이젠 잠시 멈추고 생각합니다. 요즘 찾아가는 자율 연수를 듣고 있어요. 제목이 〈교사, 꽃 필 무렵〉입니다.

👦 제목만 들어서는 무슨 연수인지 짐작이 안 가네요.

👧 주제가 추상적이죠? 성장학교별 교장선생님이면서 정신의학과 전문의인 '김현수' 님을 강사로 모시고 교실 상처 치유의 필요성을 이해하고 교실 속 관계 개선을 위한 교실 상처 어루만지기 워크숍 형태의 연수입니다. 코로나-19로 갑작스레 변화된 사회에서 교사들의 마음고생이 심해진 비밀을 알아보는 시간이 되었어요.

먼저 교사의 자기 돌봄이 필요한데, 요즘 교사들의 어려움과 상처에 대해 이야기하고 교사의 의무와 책임에 대해 알아보는 시간이 되었어요. 흥미로웠던 내용은 교사들이 타인 돌봄에 지쳐 자기 돌봄을 하지 못하는 이유를 데이터로 알아보고, 자기 돌봄을 꼭 해야겠다는 다짐을 하게 된 점이에요.

또한 교사의 에너지 소진 문제를 다뤘는데, 일반적으로 교사들이 자기가 잘 못하는 것을 인정하지 못하는 데서 오는 에너지 소진이 크다는 말에 깊이 공감했어요.

연수가 경력과 경험에 따라 변하는 것 같아요. 이제 곧 퇴직이신데, 이렇게 자기 연수를 하신다는 점이 존경스럽습니다.

'존경'이라는 말을 들으니 쑥스럽네요. 생각해보니 상처를 받는 것도 나 자신이니 스스로를 치유하기 위해 열심히 찾아다니고 있어요. 젊은 시절엔 잘 가르치는 교사가 되려고 아이들이 알아듣기 쉽게 정리해서 개념을 알려주는 방법을 공부하는 데 치중했다면, 지금은 한 걸음 멈춰 서서 아이들의 소리에 귀 기울이고 표정을 바라보며 요즘 아이들의 아픈 마음을 이해하는 교사가 되려고 노력합니다.

맞아요. 한 템포(Tempo) 멈추는 게 필요하더라고요.

참! 오늘 동학년 모임에서 이야기가 나왔는데, 한 템포 멈춤에 대한 저의 경험을 나눴어요.

어떤 경험이었는지 소개해주실 수 있을까요?

교사들이 모이면 생활지도가 어려운 아이들 이야기를 주로 하게 돼요. 방금 전 말했던 연수, '교사의 자기 돌봄'에서 교사들은 기본적으로 아이들을 최선을 다해 돌보아야 한다는 생각이 너무 많아요.

이제 무조건적인 사랑이 곧 생활지도의 답이 될 수는 없다는 생각이 드네요.

제 경우 아이들과의 첫 만남에서 약 2개월 동안 하는 이야기가 있어요. 수업시간에 준비물, 교과서 등을 안 가져오거나 할 때 계속 강조하며 해주는 말이 있지요.

어떤 말씀인지 들려주시죠.

첫째는 자신이 한 행동에 대해 대가를 지불해야 한다는

말을 해요. 아이가 약속을 안 지키는 행동을 하면 먼저 꼭 물어보고 아이의 이야기를 들어줍니다. 그리고 스스로 잘못했다고 하면 약속된 대가를 지불받아요. 아이들이 지불하는 대가는 사전에 아이들과 함께 결정한 내용입니다. 이렇게 서로 소리 내어 이야기하면서 관계를 이어가다 보면 아이들이 스스로 잘못한 내용과 어떤 대가를 지불해야 하는지 알고 행동하더라고요. 시간이 걸리지만, 아이들에게 두 달여 동안 왜 이렇게 해야 하는지 이야기를 해줘요.

이런 약속을 하는 가장 큰 철학적 근거는 자유와 책임, 그리고 의무에 대한 민주시민으로서의 덕목 이야기를 상황에 따라 계속 이야기해준답니다. 우리 반은 이제 잠시 기다려주면 스스로 앗! 하고 깨닫고 멈추는 아이들이 많아졌어요. 물론 아직 안되는 친구도 한두 명 있지만요.

기다려주는 게 사실 가장 어렵죠. 이게 교사들이 가장 어려워하는 점인 듯합니다.

저도 기다림이 어려웠어요. 이것은 교사 경력만 가지고는 어려운 것 같아요.

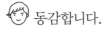 동감합니다.

저도 어려운 상황을 지나며 상담 심리를 공부했잖아요, 전문가와 수련의 과정을 거치며 '나'를 제대로 만났어요. 그 시간에 '나'와 직면하고 나를 인정하는 아픔의 시간을 보냈죠. 지금은 이렇게 담담하게 말하지만 혼자 엄청 울었어요. 자존심도 상하고 많이 힘들었었지요. 그 시간 덕분에 여유로움, 기다림을 하게 되는 복을 누리게 된 것 같아요.

상담 공부는 교사들에게 기본적인 소양 교육이 되어야 한다는 생각이 드네요.

기본 소양 교육이 필요하죠. 더 나아가서는 소양을 넘어 생활이 돼야 할 것 같아요. 자칫 소양에 그치게 되면 상담을 아는 데 그치게 될지도 몰라요. 그러면 "선무당이 사람 잡는다"는 속담대로 아이들에게 필요한 마음을 전하지 못하고 마음을 닫게 만드는 일이 생길 수도 있을 것 같아요.

"선무당이 사람 잡는다"가 교육계에서는 아주 강하게 회자되죠. 어설픈 교사들의 이론과 경험이 많은 아이에게 상처

주는 것을 볼 때, 정말 와닿는 말씀이네요.

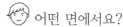 상담 공부는 교사들에게 주기적으로 이루어지는 연수였으면 좋겠다는 생각을 합니다. 이를 위해서는 교사들의 필요성 공감과 자율적 참여가 이루어지는 사회적 합의가 필요하죠. 그래서 동료 교사들이 중요해요.

어떤 면에서요?

서로의 어려움을 이야기하면서 힘든 상황을 공감해주는 친구, 문제 해결을 함께하는 동역자, 상처 치유의 가장 좋은 방법은 동료 교사라는 말씀을 하시더군요. 그런데 교사들이 함께 시간을 나누기가 점점 어려워지고 있었는데 코로나-19로 동료들과의 만남이 멈춘 게 많이 안타깝다는 말로 강의를 마쳤어요.

정확한 진단이네요. 그럼 앞에서 말씀하신 수업시간에 준비물, 교과서 등을 안 가져오거나 할 때 계속 강조하며 이야기해주는 말이 더 있나요?

네. 습관 기르기와 관련해 이야기합니다. 좋은 습관을 기르는 데는 66일이 걸린다는 말이 있잖아요. 저는 제 마음을 소리 내서 알려줍니다. 약속을 지키지 않은 아이들에게 정해진 약속으로 책임을 지게 합니다. 그때 "네가 멋진 아이가 되어 어디서나 필요한 사람이 되었으면 좋겠어. 그러기 위해 선생님은 네가 약속을 잘 지키는 사람이 되길 바란단다. 그래서 선생님도 마음 아프지만 너 스스로 책임지게 하는 거야." 하며 마음을 담아 전해줍니다.

마음을 담아 전해준다는 말이 인상 깊네요. 솔직히 이야기하는 게 중요한 것 같아요. 아이들도 인격체이니 담임교사의 마음이 묻어난 말에 감동을 받거나 자신의 잘못을 뉘우치는 걸 경험하는 것 같아요.

제 마음을 아이들이 알아주고 있다는 게 느껴집니다. 같은 행동을 반복하는 학생이 있을 때는 선생님이 속상하고 힘들다는 이야기도 하거든요? 그러면 순간 교실 공기가 달라지기도 해요. 긍정적인 변화죠.

힘든 것을 힘들다고 이야기하는 인간적인 면이 오히려 설

득력이 있는 것 같습니다.

🙍 '마음이 아프다'는 표현을 가끔 써요. 아까 나눈 이야기도 같은 맥락이죠. 문제를 야기하는 아이들은 정해져 있어요. 그런데 그 아이들에게 교사가 어디까지 반응을 해야 할까? 이 질문이 늘 어렵게 다가오죠. 학생 생활지도를 할 때 문제와 갈등을 일으키는 아이들에게 교사가 반응해야 하는 경계선은 어디까지일까? 교사마다 모두 기준이 다르겠지만, 요즘 우리 사회의 전반적인 흐름이 생활지도 경계선을 점점 약하게 만들어 가고 있어요. 대부분의 선생님들은 인격적 접근으로 대화로 경고하는 데서 멈추더라고요.

🧑 교사의 감정을 솔직하게 표현하는 아이메시지가 반 아이들과의 관계 개선에도 큰 도움이 되는 것 같습니다. 오늘 첫 시간은 이렇게 마무리할까 합니다. 마지막으로, 후배 담임교사들에게 꼭 하고 싶은 이야기를 해주시죠.

🙍 후배 선생님들. 그대들은 이 시대 최고의 지성인이며 최고의 능력자들입니다. 그런데 제가 살아보니 최고의 가치를 찾기보다는 필요할 때 함께 가는 교사들이 되었으면 좋겠어요.

2

부장 교사의 고충과 보람

세대가 아무리 변해도 우리는 교사이기 때문에
학생들이 민주시민의 덕목을 갖추도록 생활 습관을
길러줘야 할 책임이 있다고 생각해요.
그 책임을 다하려면 학생들의 인격을 존중하면서도
일관성 있는 단호함이 필요해요.
짧은 시간에 말로 설명하기가 참 힘드네요.

😊 8월의 날씨가 참 무덥네요. 이번 시간에는 부장 교사의 고충과 보람에 대해 이야기를 나누겠습니다. 우선 부장 교사로 가장 먼저 하신 업무가 무엇이었나요?

😊 연구부장이었어요. 도지정 연구학교 주무부장을 맡았지요. 저는 연구학교를 운영한다는 것을 그저 학급 운영에서 조금 더 복잡한 정도로만 여겼어요. 다가올 후폭풍을 전혀 예상하지 못했죠. 학년 부장도 해본 적이 없었는데 말이에요. 옛말에 무식하면 용감하다는 말이 있죠? 제가 그런 사람이었어요.

😊 연구부장부터 시작하셨군요. 원해서 되신 것인지, 아니면 학교의 분위기나 요구로 그렇게 되신 것인지요?

😊 제가 처음부터 원했던 것은 아닌 걸로 기억해요. 도지정 연구학교가 되었는데 딱히 하려고 하는 사람이 없었나 봐요. 한번 맡아보겠느냐는 교감선생님 말씀에 그리 오래 고민하지도 않고 하겠다고 했던 것 같아요. 지금 생각해보면 '이 기회에 승진을 위한 준비를 시작해볼까?' 하는 마음도 있었던 것 같아요. 그때만 해도 에너지가 충만했죠. 빠르게 결정을 내렸던 걸 보면요. 젊음이 준 용기였다고 말하고 싶네요.

그렇게 시작하셨군요. 업무를 맡았을 때와 진행할 때 많은 감정을 느끼셨겠습니다. 첫 부장을 연구로 시작하셨는데, 업무에서 어떤 점이 가장 힘드시던가요?

일단 부장이 되니 내 교실과 내 학년에 한정돼 있던 시선을 돌려 학교 전체를 돌아봐야 했어요. 경험이 없다 보니 엄청난 시행착오를 겪기도 했지만, 돌이켜 생각해보면 그 덕분에 교사로서 생각과 시야를 넓힐 수 있었어요.

그게 업무부장을 하면 얻게 되는 경험이죠.

더구나 연구학교를 주관해 운영한다는 것은 담임으로 참여할 때와 큰 차이가 있더라고요. 예를 들면, 담임 자리에서는 주관자가 하라는 대로 따라 하면서도 늘 비판하고 불평도 하던 제가 선생님들에게 운영 방향을 정해줘야 하는 입장이 되니 가슴에 돌덩이를 얹은 것 같은 무게감이 따라다녔어요. 사실 경험이 있어도 힘든 업무에 대한 무경험자인 저는 이리저리 헤매면서 헤쳐나갔어요. 지금도 그때 함께한 선생님들께 정말 미안하고 또 감사해요. 이리저리 연구 방향이 흔들릴 때면 선배님들이 차분히 경험을 알려주며 도와주셨어요. 가본 적 없는 길을 가면서 내 경험의 한계를 뛰어넘어야 하는 것이 정말 어려운 일임을 알게 된 시간이었습니다.

연구학교 연구부장 힘들죠. 사실 그 자리를 저도 2년간 해보았는데, 다시는 경험하고 싶지 않더군요.

선행연구 보고서를 산더미처럼 쌓아놓고 읽어보니 어느 순간 조금씩 길이 보이기 시작했어요. 그런데 또다시 어려움에 부딪힌 것은 연구보고서를 작성하는 문제였어요. 저는 2년제 교대를 졸업한 세대라 논문 형식에 맞춰 졸업논문을 써본 적이 없었거든요. 보고서에 대한 감이 오지 않았어요. 그래도 매일 야근을 하다시피 하면서 최선을 다해 연구보고서를 완성했죠. 그런데 또 다른 난관이 앞에 있더라고요. 연구학교를 시작할 때 함께하시던 교감선생님이 교장선생님으로 승진해 이동하신 뒤 새로 오신 교감선생님과 최종 운영 보고를 해야 했어요. 그런데 새로 오신 교감선생님은 생각을 나누고 연구 방향에 대해 소통을 하는 게 아니라, 일단 보고서를 보고는 이렇게 하면 안 되는 거라면서 제가 정리한 보고서를 양양에 있는 친구 교감선생님께 보내서 수정해 오셨어요.
지금 생각해보면 감사한 일인데, 그 당시 제 입장에서는 큰 충격이었어요. 그래서 한동안 교감선생님을 미워하는 마음 때문에 불편하게 지내야 했죠.

신이 인간에게 주신 복 중 하나가 망각의 은혜라고 하죠? 그 축복이 제게도 임하셔서 다음에 이동한 '청봉초'에서 또 다시 도지정 연구학교 주무를 맡았고, 이번엔 저 나름대로 만족스럽게 마칠 수 있었어요. 지금 우리 학교 연혁에서 '도지정 연구학교'라고 씌어 있는 것을 읽을 때면 저만 느끼는 뿌듯함이 있어요. 그때의 기억이 좋아서 다시 '청봉초'를 오고 싶었나 봐요.

'청봉초'에서 두 번째 근무시군요? 의미가 있네요. 이렇게 도지정 연구학교에서 연구부장을 두 번이나 하셨는데, 그것이 선생님께 어떤 시간이었는지 말씀해주세요.

부장 업무를 맡기 전에는 내가 신나면 열심히 하다가 동료들의 말에 휩쓸려 교장선생님 뒷담화도 하고, 내 생각이 옳다고 소리를 높이기도 했고, 때론 어떻게 하면 업무를 적게 맡아 편히 지낼까 궁리했던 모습이 떠오릅니다. 그러던 제가 연구학교 부장을 맡게 되었죠.

첫 도전은 무모하게 시작했지만, 그 덕분에 두 번째 연구학교를 운영할 용기를 낼 수 있었어요. 그 시간 동안 어떻게 하면 좋은 연구과제를 찾아낼 수 있을까 선행 연구자료를 보며 동료들과 함께 고민도 하고, 연구를 추진하다가 동료들의 불평과 지적을 듣고 속상해서 울적했던 순간도 있었죠. 교감선생님 및 젊고 패기 넘치는 후배들과 야식을 먹으며 마지막 연구보고회를 준비한 끝에 담당 연구사님들에게 오랜만에 의미 있는 연구학교 보고회였다는 칭찬까지 들었어요.

이렇게 혼자서는 할 수 없는 일이다 보니 교장선생님, 교감선생님과 동료 교사들 사이에서 관계를 만들어가는 법을 자연스레 배우게 되었나 봅니다. 학교 운영에 대한 시야도 넓어졌고요. 한 가지 일을 해도 한 번 더 생각하고 행동하게 된 것 같아요. 이런 모습이 일상생활에도 영향을 미쳤죠.

사실 고학력 집단이면서 같은 계열을 공부한 직업군의 특징이 자기 생각의 오류를 수정하는 게 상당히 힘들다는 거죠. 일상의 삶에 적용한다, 이게 중요하죠. 그것은 경력이 쌓여야만 할 수 있는 내공인 것 같습니다.

맞아요. 경력이란 건 무시할 수 없는 거죠. 그 시간들 속에 함께했던 수 많은 이야기들이 쌓여 얻게 되는 힘이니까요.

경력을 통해 배울 수 있는 게 있는 것은 확실한데, 구체적으로 무엇이라고 짚어주기는 어렵더라고요. 선생님께서는 어떤 점이 경력을 통해 배우는 점이라고 생각하시나요?

꼭 짚어 말하기는 어렵지만, 경험에서 오는 여유가 아닐까 생각해봐요. 우리들에게는 예측할 수 없는 에너지를 가진 아이들과 보낸 시간들이 차곡차곡 쌓여 만들어진 경험이 있잖아요. 여기에 수만 가지 형태의 문제를 해결하는 과정에서 동료 교사들의 공감 어린 조언과 위로가 한 해, 한 해 채워져 완성된 경험이 경륜이 되는 게 아닐까요? 그동안 함께했던 선배, 후배, 친구 등 동료들이 없었다면 지금의 내 모습으로 완성되지 못했을 거예요.

위로, 조언, 공감 모두 동감합니다. 동료 교사가 중요한 것 같아요. 특히 신규 교사들에게는 동학년 선생님이나 부장들의 영향력이 크더군요. 교감선생님이나 교장선생님은 아무래도 어려워하고요.

교장선생님, 교감선생님은 저도 어려워요. 하하하.

그 직위에 계신 분들이 사실 많이 외로우시더라고요. 소소한 이야기를 나누다 보면 의외로 배울 게 참 많고요. 물론 업무 이야기는 좀 지겹죠! 이야기를 계속 이어가시죠.

그럴까요? 아이들과 함께하며 쌓은 경험과 동료들과 함께하며 채워진 시간들도 중요하지만, 교사들의 내면을 키우는 데 연수를 빼놓을 수 없죠. 얼마 전 연수 기록을 볼 기회가 있었는데, 50대 중반까지는 전문성을 키우는 연수를 받고 여름·겨울방학이면 꼭 한 가지 이상씩 선생님들과 함께 모여 듣는 연수를 받았어요.
강사님에게 듣고 알게 된 것도 좋았지만, 여운이 남는 것은 연수 중 만난 동료들과 나눈 운영의 실제들이었어요. 그 이후에는 배움을 흘려보낼 때 주체인 내 안의 에너지가 줄어드는 걸 느끼게 되니 연수 주제가 '나'에게 쏠리게 되더라고요.

50대 이후에는 전문성 향상보다는 내면을 채울 수 있는 연수를 찾게 되셨군요. 연수 기회는 교사의 전문성 개발 신장에 좋은 것 같습니다.

동의합니다. 게다가 강원도교육연수원의 연수를 듣기 위

해 속초에서 강릉(강원도교육연수원)으로 떠나는 아침에 운이 좋으면 동해의 일출을 볼 수 있다는 게 배움과 더불어 또 하나의 기쁨이었죠. 선생님이 질문하신 전문성 개발 신장을 위한 연수의 완성은 배움과 나눔이 아닐까요? 언제부터인가 원격 연수가 대세가 되었고, 그 이후 배움의 파장이 짧아지고 개별화되고 있는 게 안타까워요. 동료들과의 나눔이 사라지고 있는 원인 중 하나라는 생각이 듭니다.

맞습니다. 이제는 이야기의 주제를 좀 바꿔볼게요. 연구학교 연구부장을 하실 때 주제가 각각 무엇이었는지 기억나시나요?

첫 연구학교 주제는 '학교급식을 통한 올바른 식습관 기르기', 두 번째는 '흥미와 능력에 맞는 수학과 수준별 수업'이었어요.

급식과 수학 관련 연구 주제였군요. 저도 연구학교 주무를 해보았는데, 항상 느끼는 것이지만 연구학교 주제는 일반화가 어렵더라고요.

맞아요. 연구학교 운영 결과를 일반화시킨다는 건 어려워요. 그저 문제를 던져주는 걸로 만족한다면 몰라도요.

연구학교의 취지를 살려서 일반화를 시키기 위해 1~2년 안에 결과물을 낸다는 게 여간 어려운 일이 아니죠. 그래서 연구학교 무용론이 나온 듯해요. 저도 주무 담당 연구사와 많은 의견 차이로 언쟁을 벌였던 기억이 납니다.

정해진 틀을 깨지 못한다면 연구학교 무용론에 저도 한 표 던집니다. 연구학교 이야기를 나누니 기분이 조금 무거워지네요.

두 번째로 하신 부장 업무는 무엇이었나요?

교무부장이었어요. 속초 지역이 만기가 돼 고성군으로 이동해서 간 전입 학교에 교무부장을 할 사람이 없었어요. 지금 생각해보니 "당신 아니면 할 사람이 없어요."라는 누군가의 말이 저를 움직이는 동기가 되었던 것 같아요. '동기심리학'을 복습해 봐야겠어요.

모두가 피하는 힘든 업무부장부터 하셨군요.

연구학교 주무를 맡았지만, 당시에 저는 승진 생각이 없었어요. 그래서 고성에 가면 작은 학교에서 재미있게 보내야지 했는데, 경력으로 보아 저밖에 할 사람이 없다고 해서 또 떠맡았지요. 이번에도 연구부장을 할 때와 비슷한 마음이었어요.

어떻게 보면 이게 교직의 문제가 아닌가 싶어요. 능력을 보는 게 아니라, 전입 교사나 마음 약한 교사가 업무부장을 하니 학교 운영의 질이 떨어진다는 생각이 듭니다.

그렇기도 하죠. 그런데 앞서 이야기한 것처럼 제 안에 무모한 도전을 하는 염색체가 있나 봅니다. 사실, 작은 학교라서 어렵지 않으리라 생각한 것도 있고요.

작은 학교에서의 교무부장도 만만치는 않죠.

그곳에서는 동료들과의 어려움이 문제가 아니었어요. 상담심리 공부를 하게 된 계기에서 말씀드렸듯이, 교장선생님 및 교감선생님과의 소통 문제로 정말 많이 힘들었죠. 두 분의 성품과 생각이 너무 달랐거든요. 제가 그렇게 다른 분들 사이에서 균형을 잡을 수 있는 인격을 갖추지 못했나 봅니다.

🙂 학교 관리자인 교감선생님, 교장선생님 간의 갈등이었으니 힘들었겠네요.

👩 네. 설명하긴 힘들지만 그 시간을 보내면서 앞서 말씀드린 대로 상담 공부를 해야겠다고 결심하는 데 동기가 되었죠. 지금 여기에서 생각해보면 감사한 일이기도 하네요.

🙂 나이가 먹을수록 성숙해야 하는데 간혹, 그렇지 못한 분들을 보면 저도 나이 들어가는 게 슬퍼질 때가 있습니다. 그렇다면 이번에는 교무부장으로 업무를 하면서 보람을 느낀 사례나 일화가 있으면 소개해 주시죠.

👩 작은 학교에서 교무부장을 맡았기 때문에 해야 할 일이 많았어요. 전교생과 함께하는 프로그램이 많았죠. 지금 떠올려보니 운동회와 학예발표회 준비 과정이 생각납니다. 선생님들과 모여서 열띤 토론을 한 뒤 결정한 일들을 준비하면서 수정 또 수정을 거쳐 행사를 잘 끝냈을 때 오는 행복감이 제 안

에 오래 남았어요.

몸이 지쳐 보약까지 먹으며 했지만, 계획하고 준비하는 과정에서 모든 교직원이 자기가 맡은 일은 물론이고 곁에 부족함이 보이면 누구나 내 일처럼 달려가 주어 적은 인원으로도 멋지게 마칠 수 있었어요. '함께 해냈구나! 내가 교무 역할을 잘했구나!' 생각했던 그 순간이 보람이었어요.

선생님 말씀을 들어보니 행복감과 어려움이 함께 오는 자리가 교무부장 자리인 것 같아요.

관리자와 동료의 생각 차이를 좁히기 위해 다리품도 많이 팔았죠. 동료들과의 소소한 티타임과 간식 타임이 지금도 기억에 남아요. 서로 응원하며 부족한 부분은 소리 없이 챙겨준 선생님들이 계셔서 행복했던 기억이에요.

먹는 게 남는다는 명언이 있지요. 동료들이야말로 교직을 버티게 하는 하나의 기둥이 아닌가 생각합니다.

맞아요. 요즘 코로나-19로 이런 기쁨을 누리지 못해 제가 더 힘들게 느껴지는 것 같기도 해요. 함께 나누는 시간이 거의 없으니까요.

동의합니다. 교직이라는 것이 소통 없이 외통으로 가면 그 끝은 외롭죠. 자신의 주장이나 교육철학이 너무 확고하신 분들은 고경력 교사가 되면 외톨이가 되시더라고요.

그렇죠. 오래전 강원도 첫 근무지에서 함께 근무한 교감 선생님이 생각납니다. 학교 운영에 있어서 교사들의 이야기를 듣지 않고 자기 방식만 고집하시는 분이었어요. 시간이 흘러 시내를 걷다가 길 건너 걸어가시는 걸 봤는데, 아는 체하고 싶지 않아 조용히 걸어갔던 적이 있어요. 그때 "난 후배들이 달려와서 아는 체해 주는 사람이 되어야 할 텐데" 하고 남편과 이야기했던 게 기억나네요.

연구부장과 교무부장을 하실 때 모두 전담을 하셨는지요?

네. 그래서 제가 담임 경력이 짧아요. 전체 교직 경력을 살펴보면 육아휴직을 3년 했고, 부장이 아닐 때도 전담을 했어요. 그리고 이동하는 학교마다 부장을 맡아서 전담을 했고요.

전담 고수가 되셨네요.

그런데 전담교사로서의 시간보다 교직의 마지막 시기에 담임을 맡고 있는 최근 3년이 제게는 최고의 시간으로 생각됩니다. 담임의 매력에 빠져버렸다고나 할까요!

맞습니다. 교사는 담임을 할 때 가장 보람이 큰 것 같아요. 전담교사는 마치 강사 같은 느낌이 있죠.

전담이 확실히 부담감은 덜했어요. 물론 부장 업무에 떠밀려 그랬을 수도 있지만요. 생활지도 면에서 특히 부담이 덜했죠. 학생들을 바라볼 때도 관찰자 시점에서 바라보니 문제해결에 대한 부담이 적어지더군요.

사실 그런 면 때문에 업무부장이 전담을 하는 거죠. 요즘 30~40대 교사들이 육아 때문에 업무부장을 기피하는 현상이 많은데요. 전 좀 보기 안 좋다는 생각도 하지만, 또 이게 본인의 '행복추구권' 측면에서 보면 당연하다는 생각도 합니다. 선생님은 어떻게 생각하시는지요?

제가 몸담고 있던 교직 문화는 대부분 '나'보다 '우리'에 무게 중심을 주었던 세대여서 선생님의 생각에 공감하지요. 최근 이런 상황에 대해 딸하고 대화를 나눈 적이 있어요. 참고로 제 딸은 일반 공무원입니다.

말씀 경청할게요.

오늘 이야기의 시작에서 "경력 교사로서의 힘은 어디에서 오는가?"라는 질문에 동료 교사들과 함께한 시간들이 큰 힘이 되었다고 답했던 부분과 맥락을 같이합니다. 직장에서 우선순위를 어떻게 정해야 할지 고민스럽다는 이야기와 함께 동학년 회의를 하려 해도 육아 시간을 사용하는 선생님들이 많아서 불편할 때가 있다고 했더니 딸아이의 대답이 단호하더라고요. "엄마! 그건 선생님들이 누려야 할 권리야. 그 상황에 있는 선생님이라면 그건 당연히 누려야 해요." 라고요.
동학년 간에 소통할 시간이 너무 없는 게 아닌지 걱정스러운 마음에서 꺼낸 이야기인데, 순간 제가 '라떼' 선배가 되어 있었어요. 깜짝 놀랐죠. 그 뒤 변화하는 시대의 흐름을 읽는 노력이 많이 필요하다고 생각했습니다.

시대가 변하면 문화가 변화하는 게 맞는 것 같습니다. 이게 아무래도 기성세대에게는 가십거리가 되죠.

맞아요. 시대는 변화하기 마련이죠. 이젠 우리에게 주어진 권리를 찾아 누려야 한다고 생각해요. 걱정이 되는 것은, 최근 들어 매년 새 학년이 시작되면 학교에서 교무부장과 주요 업무를 맡을 선생님들이 없어 모두 깊은 고민에 빠지잖아요. 주된 이유가 육아를 위한 시간을 사용해야 하기 때문이에요. 2년 전에는 교무를 할 사람이 없어 고민하시는 교감선생님을 보고 "제가 할까요?" 하고 묻고 싶을 만큼 걱정스러웠어요. 하지만 이 또한 선생님들이 누려야 할 권리와 상충된다면, 학교 차원에서 다른 방도를 찾아야 한다고 봅니다.

우리가 온전히 이해할 수는 없으니 순간순간 걱정과 염려가 섞인 충고, 조언이 필요해 보입니다.

그들에게는 잔소리가 될 것이고, 우리들(기성세대들)에게는 가십이 되겠죠.

그런 점에서 정년(명예) 퇴임을 하시는 선생님의 교직관에

존경을 보냅니다. 이야기를 계속 이어갈께요. 세대 간 차이가 교사들 사이에서도 심한 것 같아요.

저도 개방적이라고 생각하는데, 학교에서 주장하는 말이나 행동을 보면 교직원 복지가 많이 개선되었다고 생각하면서도 '그럼 힘든 업무는 누가 하지?' 하는 생각도 하게 되더라고요. 이 부분을 후배들이 어떻게 바라보고 있는지 궁금해요.

제 생각에는 앞으로 교사도 비정규직으로 전환되지 않을까 우려됩니다. 지금 대한민국의 힘은 공동체의식에서 나오는 게 크다고 생각하거든요

저와 비슷한 생각을 하고 있군요. 학교 밖 사회에서는 "학교에 정교사가 꼭 필요한 것인가?"라는 질문이 생기게 될 것입니다. 앞으로 외국처럼 교사가 공무원이 되어야 할 이유가 공론화될 것 같다는 염려를 내비쳐보지만, 아직까지는 크게 다가오지 않는 것 같아요. 이 또한 '라떼' 의식에서 시작된 건 아닐까 하는 생각이 들기도 해요.

그래서 차츰 교사를 공무원이 아니라 계약직으로 뽑아야

한다고 주장하는 분들이 많아지고 있어요. 교육정책에 대한 덕담은 이쯤하고 주제를 바꿔볼까요? 선생님께서는 연구부장, 교무부장을 하면서 일의 원칙이나 우선순위가 무엇이었는지 말씀해주실 수 있을까요?

처음 부장을 할 때는 우선순위를 생각할 여유가 없었어요. 아는 게 없었으니까. 그 뒤 부장의 업무를 맡으며 우선순위는 선생님들과 이야기 나누기였어요. 학교 교육활동이 작년과 동일한 주제로 운영되는 게 많잖아요? 그럴 땐 작년 계획과 결과 보고서를 가지고 먼저 선생님들과 생각을 나누면서 올해 계획의 방향을 잡으면 큰 어려움 없이 활동이 진행되었어요.

선생님들과 교육과정 이야기 나누기가 제일 중요하다고 봅니다. 대부분의 학교가 그런 방식으로 운영계획을 세우죠.

물론 교장선생님, 교감선생님과 사전에 주제 방향에 대해 논의를 거친 후 진행합니다. 하지만 매년 달라지는 변수가 있어 계획이 그대로 진행되지 않을 때가 많아요. 학생, 학부모, 예산, 학교 구성원들에 따라 달라지죠. 저는 교장선생님의 이동에 따라 계획이 달라질 때 적응하기가 좀 어려웠어요.

학교교육과정 운영에 대한 접근방식이 많이 바뀌는게 사실이죠. 교장선생님의 리더십과도 관계가 있는 것 같아요.

그렇죠. 학교 교직원의 다양한 의견이 나오는데 이때 경계를 정해주는 게 어려웠어요. 이것도 부장 경력이 쌓이면서 노하우가 생기더라고요.

경계를 정해준다는 게 구체적으로 뭔가요?

경계라는 말을 썼네요? 요즘 제가 '경계세우기'란 말을 자주 써요. 중심잡기라고 하는 게 더 이해하기 쉽겠네요. 학교 교육활동의 최종 책임자는 학교장인데, 선생님들과 계획을 세우다 보면 교장선생님이 추구하는 방향과 다르게 흘러갈 때가 있어요. 그럴 때 중심을 잡기가 어려웠어요.
선생님들과 이야기할 땐 그것도 좋은 의견인 것 같은데 교장실에 가서 회의 내용을 전하다 보면 선생님들의 의견을 제대로 전달하지 못할 때가 많았죠.
처음 교무를 맡았을 때는 이리저리 갈피를 못 잡고 헤맸어요. 그러다가 시간이 어느 정도 지나고 나서는 저 나름대로 경계의 기준을 정했어요. 학교장의 기본 방침이 비교육적인 것이 아니라면 둘 사이를 조정해나가려고 노력하되 최종 방향은 교장선생님 의견에 따르는 것으로요.

저도 원칙적으로는 그렇지만, 그렇게 되면 그해는 그냥 그렇고 그런 한 해가 되더군요. 수박 겉핥기식으로 교육과정이 운영되더라고요. 교사들은 자발성이 없으면 역시 움직이지 않으니까요.

맞아요. 저도 원칙은 세웠지만 되돌아보면 동료 교사들의 의견을 적극 대변하지 못한 교무부장이었어요. 교사들의 자발성을 깨우는 일은 학교의 규모에 따라 차이가 있는 게 아니라 학교 리더들이 교사들의 이야기를 듣고 존중해줄 때 가능하죠.
소규모 학교에서는 교사들이 자발적으로 참여하도록 에너지를 모으기가 그나마 쉬운데, 대규모 학교에서는 교사들의 자발적 참여를 기대하기 어렵더라고요. 자발성까지는 기대하지 않더라도 기본적으로 주어진 일을 추진하기조차 어려운 것 같아요.

학교 규모가 클수록 교무부장 자리는 더 힘들죠. 다수의 교사와 교장선생님 한 사람의 의견을 조정하기란 진정 앞이 보이지 않는 외줄 타기라고 봅니다. 게다가 소통의 자리가 없어진 요즘은 더하죠. 코로나-19로 인해 모두가 모여 의견을 나눌 기회를 잃어버렸으니 말입니다.

마음이 무겁고 답답합니다. 선배이지만 동료 간에도 도울 일이 거의 없어요.

코로나-19 사태로 교육 단절이 더 심해져서 걱정입니다. 정부에서는 기초학력을 걱정하지만, 전 이게 더 심각하다고 보거든요. 작금의 사태는 사실 경력이나 노하우가 커버할 수 있는 상황이 아니라는 데 무기력을 느낀다는 점은 모두 같으리라 봅니다.

동감입니다.

코로나-19 사태에 대해 조금 더 이야기를 나누죠. 코로나-19 사태로 인한 교육 단절에 대해 좀 더 깊이 들어가서, 교육 연결을 위해 초등교사로 할 수 있는 역할이나 활동에 어떤 게 있을까요? 선생님이 생각하시거나 지금 실천하시고 있는 게 있다면 소개해 주시죠.

우리가 알고 있는 역사는 BC와 AD로 나누죠. 그런데 요즘 바뀌었다고 해요. 역사는 코로나-19 이전과 이후로 나뉜다는 거죠. 코로나로 인해 한 번도 경험하지 못했던 세상을 살아가고 있는 수 많은 사람들처럼 코로나 이후 마주한 교육 단절로 심각한 어려움이 닥치고 있습니다. 온라인 수업을 진행하면서 일단 저 자신이 디지털 문화를 따라잡기가 많이 힘들었습니다. 시대적 요구에 부합하는 온라인 쌍방향 수업을 진행하기도 힘들었고요.

물론 후배 교사님들의 도움이 엄청 컸어요. 제가 아직까지 교사로 남아 있는 것이 그 반증입니다.

듣기로는 중등의 경우 많이 힘들어 한다고 하더라고요. 코로나로 인한 교육 단절은 특히 학생들의 기본 학력 격차를 눈으로 보며 격하게 실감하고 있습니다.

지난 일 년 동안 벌어진 그 간극을 좁히기가 너무 어렵습니다. 반 아이들의 50%는 작년(2020년) 코로나-19 사태로 인해, 3학년 기본 과정을 이해하지 못하고 올라왔어요. 그런데 문제는 학생마다 이해하지 못하는 부분이 너무 다양해서 어떻게 도와주어야 할지 기준을 잡기가 힘들다는 거예요.

🙂 교사뿐만 아니라 현재의 기성세대라면 누구나 그렇게 생각하리라 봅니다. 이게 어떻게 보면 인류가 거듭나기 위한 성장통이라는 생각도 듭니다. 계속 이야기해 주세요.

😊 예를 들어 수학 곱셈과 나눗셈을 배우면서 '구구단'을 모르는 아이, '한 자리 수' 곱하기에 막힌 아이, 기초학력이 부진한 아이까지 수준별 종류가 다 달랐어요. 그 공백을 채우는 과정이 감당하기 어려울 만큼 버거웠습니다. 1학기 내내 쉴 없이 시간을 보냈어요. 여백이 없는 시간이었다고 표현할 수 있겠네요.

🙂 그렇죠. 사실 올해보다는 작년의 학습 공백이 더 심각했다고 봅니다.

😊 심각한 학습 공백은 전국의 모든 교사들이 집단지성을 발휘해서 만들고 나누는 자료의 도움으로 잘 채워가고 있는 것 같은데, 생활지도 면에서도 조금은 어렵지 않나 싶어요. 요즘 들어 후배 교사들의 교육관이 참 유연하고 자유로워졌다는 걸 많이 느끼게 됩니다.

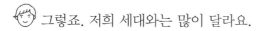 그렇죠. 저희 세대와는 많이 달라요.

일단 지금 어린 자녀를 키우는 선생님 세대들은 학생들을 참 많이 존중하고 기다려주는 것 같아요. 제 기준으로는 이웃을 배려하지 않고 자기중심적인 행동을 오랫동안 반복하는 학생이라면 행동 규정을 정하고 이를 지키지 않을 때 단호히 대가를 지불해야 한다고 가르쳐야 할 것 같아요.

학생과 교사 간에 경계를 세워야 해요. 세대가 아무리 변해도 우리는 교사이기 때문에 학생들이 민주시민의 덕목을 갖추도록 생활 습관을 길러줘야 할 책임이 있다고 생각해요. 그 책임을 다하려면 학생들의 인격을 존중하면서도 일관성 있는 단호함이 필요해요. 짧은 시간에 말로 설명하기가 참 힘드네요.

앞에서 학생들과 교사 간의 경계에 대해 말씀하셨는데요. 그 경계를 잡는 기준이나 노하우가 있으신지요?

앞에서 이야기한 대로 제게는 세 가지의 가장 큰 기준이 있습니다. ①잘 들어줍니다, ②잘 보아줍니다, ③서로 소리 내어 알리며 해나갑니다(지금 여기를 정성껏 살아갑니다). 이 세 가지죠. 소리 내어 알리는 방법은 많이 알고 계시는 'I message~'를 활용해요.

😊 생활 규칙에 선생님만의 철학이 묻어나네요.

😊 그다음 작은 울타리로는 "나는 참 소중하다. 너도 소중하다. 그리고 선생님도 소중하다. 그래서 다른 친구가 불편해하면 멈추어주어야 한다."입니다.
생활지도에서 "장난은 하는 사람의 입장이 아니라 받는 상대방의 입장으로 이해해요!"라는 말을 함께 자주 합니다.
누구나 다 아는 방법이지만 현장에서 실천하고 적용하기는 결코 쉽지 않아요.
먼저 교사 자신이 이 말을 인정하고 삶에서 적용하고 실천해야 아이들에게 흘려보낼 수 있을 겁니다. 교사의 노력이 없이는 학생들에게 전달되지 않아요. 그리고 매일 첫 인사, 헤어지는 인사(3반 별빛들의 따뜻한 이야기)를 함께 말하고 인사합니다.

😊 참 좋네요. 사실 이런 반복적인 말하기가 초등학교에서는 꼭 필요하죠. 선생님들이 가끔 아이들이 몇 번을 이야기해도 못 알아듣는다고 말씀하시는데, 선생님처럼 스스로 따라서 말하기를 해보는 것이 필요하지 않나 하는 생각이 듭니다.

지금까지 부장 교사로 배운 여러 가지 것들에 대해 이야기를 나눴는데요. 이제 마무리로 부장 교사 후배들에게 하고 싶은 말씀을 해주시죠.

지금 당신이 하고 있는 모든 것이 다 옳습니다. 그리고 선배들이 하는 이야기도 다 옳습니다. 시간이 흘러 선배의 자리에 섰을 때, 매 순간 그대들의 애씀이 차곡차곡 쌓여 아름답고 향기로운 보따리가 되어 있을 것입니다.

당신들의 마음에 작은 공간을 만들어 지금 곁에 있는 선배들의 이야기도 잘 들어주고, 잘 보아주고, 서로 다른 생각은 소리 내어 알려가며 함께한다면 우리의 교직 생활이 오래오래 빛나지 않을까요? 사랑합니다.

3

신규 교사를 바라보는
선배 교사들의 단(短)소리

이제는 후배 교사들이 내놓는 아이디어를
선배들이 잘 받아들여 함께 나아가야죠.
AI로는 채울 수 없는 것들이 분명 있거든요.
이럴 땐 선배들이 오랜 시간 쌓아온 경험치를 나누며
함께 가는 아름다운 공동체가 되어주세요.

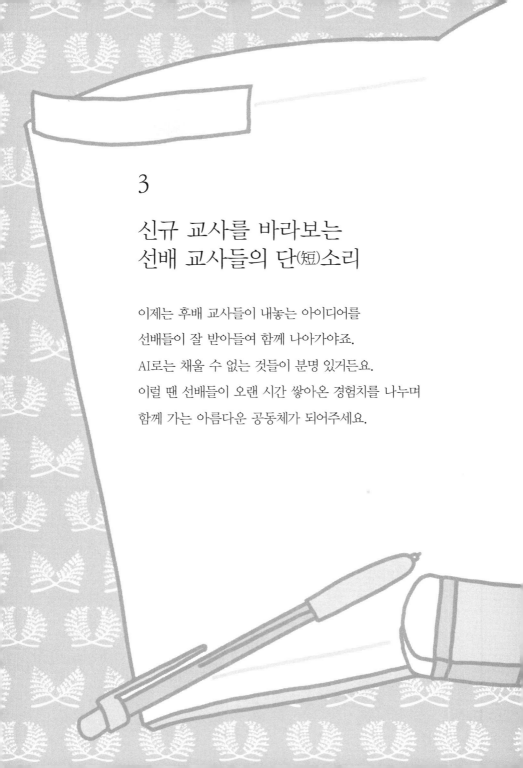

"신규 교사를 바라보는 선배 교사들의 단(短)소리"로 이야기를 풀어보려 합니다. 선생님이 신규 시절에 가장 많이 들었던 선배 교사들의 말씀이 기억나시나요?

신규 교사 때 저는 일단 칭찬을 많이 들었어요. 이렇게 함께 이야기하며 지난 시간을 돌아보니 칭찬 후에 해주신 선배님들의 충고와 조언을 알아차리는 세밀함은 없었던 것 같습니다.

사실 저도 신규 시절에 들은 조언은 잘 기억이 안 납니다. "그렇게 하면 안 돼요."라는 말을 가장 많이 들었던 것 같아요. 제가 너무 내 멋대로 한 게 아니었나 반성하곤 합니다. 그런데 선생님은 칭찬을 많이 들으셨다니 부럽네요. 구체적으로 생각나는 사례나 문장이 있으신가요?

저희 자매 중 세 명이 초등 교사였어요. 그리고 아버지께서 교대 교수로 재직하셨기 때문에 주변에 선생님들이 많았죠. 그렇게 학교 문화에 익숙해져 있어선지 선배님들과도 잘 지냈어요. 더욱이 신규 발령이 처음이다 보니 웬만하면 잘한다고 칭찬하며 넘겨주셨죠. 저는 제가 정말 잘해서 그런 줄 알고 즐겁고 행복하게 보냈고요.

와! 선생님과 이야기를 나누다 보니 무심히 흘려보낸 젊은 시절을 반성하는 시간을 갖게 되네요. 그리고 신규 때는 연구수업을 많이 했어요. 돌아보면 그때는 연구수업 준비를 할 때 오직 선배님들만 의지하던 시절이었죠. 수업이 끝나고 협의 시간에 선배님들이 평가하며 혼내신 기억이 없어요.

수업 기기 중 환등기가 있었어요. 지금의 프로젝터와 비슷한 종류로 슬라이드 자료를 보여주는 기계인데 그게 작동이 매끄럽게 되지 않았어요. 그 부분을 지적하니 부장 선생님이 바로 "제가 잘 알려주지 않고 도와주지 못해서 생긴 일입니다. 죄송합니다. 더 잘 가르치도록 하겠습니다." 하고 사과하시며 감싸주셨어요. 참 든든하고 감사한 선배들이었죠.

문제는 저한테 있었어요. 선배님을 창피하게 만든 것을 미안하게 여겼어야 하는데, 저는 제게 보내주시는 칭찬에 갇혀 자기만족에만 머물렀어요.

지금 돌아보니 참 많이 아쉽습니다. 수업의 달인이 될 수 있는 기회를 놓쳐버린 어리석음이 지금도 안타까워요.

그 뒤 강원도로 넘어와 수업 연구평가 때 오가는 질의응답 시간에 대화가 얼마나 세던지 당황하고 힘들었던 기억이 납니다. 그래서 지금 생각해보면 신규에게 수업 연구와 생활지도면에서 이야기를 해줘야 할 때는 한 번에 그치지 말고 사랑하는 마음의 깊이만큼 지속적으로 관심과 도움을 주어야 열매를 맺을 것 같아요. 천천히 가는 아이들 지도와 맥락을 같이하는 거죠.

이제 원로 교사로서 신규 교사들을 보시면 느끼는 점이 많으시겠습니다.

선배 교사가 신규 교사와 이야기를 나누는 기법도 연구해야 할 과제입니다.

맞습니다. 세대 간의 갭이 크다 보니 단어나 의도가 본뜻과 달리 전달되는 것 같아요. 이제 주제와 관련해 좀 더 세부적으로 들어가볼게요. 신규 교사가 동학년이나 학교에 있다고 가정할 때 학급 경영에서 이것은 꼭 해주고 싶다 하는 내용이 있을까요?

첫째, 학급 경계(울타리)를 너무 많이 만들지 마세요. 왜냐하면 통제가 많아지면 자율성이 떨어지기 때문입니다. 둘째, 아이들과 밀당하는 방법을 배워두면 좋아요. 밀당을 위해서는 선생님의 기본 교육철학을 잘 만들면 좋고요. 아울러 선배인 저에게는 앞서 이야기한 것처럼 충고·조언·평가·도움을 항상 생각하는 자세가 꼭 필요한 것 같습니다.

소설 《냉정과 열정 사이》처럼 경계와 밀당을 잘해야 한다는 말씀이 와닿네요. 학급에서 돌출 행동을 하는 아이들에 대한 교사들의 태도나 대화법이 사실 신규 교사들이 가장 궁금해하는 내용입니다. 여기에 대해서도 말씀해 주세요.

돌출 행동을 하는 아이들을 만나면 가슴이 덜컹 내려앉지요. 일단 마음으로 한마디 외칩니다. '주님!' 하고요. 그런 다음 부드럽지만 힘 있게 이름을 불러줍니다. "**야~ 무슨 일이지?" 하고요. 문제 행동을 하는 아이와 평소에 형성한 '라포'에 따라 "**~ What's up?"이라고 하면서 가볍게 불러요. 학기 초에는 아이들이 눈물을 보이거나 우물쭈물하며 말을 못하지만 어느 정도 시간이 흐르면 그 상황을 이야기합니다. 먼저 잘 듣고 나서 "그랬구나! OOO 하는구나!"라고 말해줍니다. 모두가 잘 아는 상담의 기본이지요. 상담의 기본 틀은 '회복적 생활교육 기법'을 사용합니다. 후배 선생님들께 권합니다. 여기서 선생님들께 마음을 담아 전하고 싶은 게 있어요. 먼저 내 안의 열등감을 버릴 수 있도록 자기 자신을 챙겨주세요. 이것은 누가 해주지 못합니다. 주변을 살펴보면 도움을 받을 수 있는 기회가 많아요.

《미움받을 용기》라는 책을 알고 계시죠? 두 번째 책에서 이렇게 말하고 있어요. "다른 사람이 나에 대해 어떤 평가를 내리든 마음에 두지 않고, 다른 사람이 나를 싫어해도 두려워하지 않는 것. 이것이 바로 '진정한 자유'이다." 옆에 있는 동료들과 함께 이 마음을 찾아보세요.

'이름 불러주기', '이야기 경청하기', '그랬구나 말하며 마무리하기'를 말씀해주셨는데요. 회복적 생활교육 기법 중 어떤 부분일까요?

신뢰 서클을 만들어 서로의 감정을 수용하는 과정이라고 할 수 있겠네요. 갈등 당사자들이 서로 이야기를 듣고 자기의 생각을 나누는 과정에서 스스로 잘못을 깨닫게 되며, 서로의 생각을 존중하게 되는 경우가 많아요.

습관을 기르는 실천 방법으로는 '행감바', '인사약'을 아이들과 함께 합니다. 많이들 알지만 이것을 학급 운영에 적용하기는 쉽지 않아요. 꾸준한 인내로 교사가 자신과의 싸움에서 이겨야 할 수 있죠.

행감바? 인사약? 전 처음 듣는 말인데요.

 'I message~'를 적용하기도 하고요. 갈등 해결을 위한 비폭력 대화법이죠. 친구와 다툼이 있을 때 피해를 주고받은 친구와 친구 사이의 대화법이라고 생각하시면 됩니다.

피해를 받은 친구는 '행감바'를 해요.

행 : 행동 말하기(네가 내 가방을 건드리고 그냥 가서)

감 : 감정 말하기(기분 나쁘고 속상해)

바 : 바람 말하기(네가 사과해주면 좋겠어)

아이들이 잘 못하기 때문에 제가 먼저 말하고 따라 하게 합니다.

 그렇군요. 저도 담임을 안 한 지 10년이 넘어서 감이 떨어지네요.

 피해 준 친구는 '인사약'을 하죠.

인 : 인정하기(내가 네 가방을 치고 그냥 가서)

사 : 사과하기(정말 미안해)

약 : 약속하기(앞으로 조심하도록 할게)

아이들이 거의 하지 못하기 때문에 따라 하게 합니다. 따라서

라도 소리를 내니까 아이들의 마음이 풀리더라고요. 참 좋은 방법입니다. 그래서 저는 이 방법을 주로 사용해요.

따라서 말하기가 참 좋은 것 같습니다. 그럼 다음으로 넘어가서, 신규 교사들이 저학년을 맡았을 때 난감해하는 경우가 많습니다. 반대로 고학년도 어려워하고요. 이럴 때 도움이 되는 팁이나 해주실 말씀이 있으면 부탁드려요.

그 긴 세월 동안 저학년을 몇 번 안 맡았지만, 일단 저학년 아이들에게는 선생님의 목소리 톤이 중요할 것 같아요. 성대의 좋고 나쁨이 아니라 목소리에서 느껴지는 포근함을 말해요. 저학년 전문 선생님을 보면서 느낀 점입니다. 같은 행동에 대해 반복해서 들어주는 게 더 많아야 하더라고요.

목소리의 포근함. 저도 저학년 선생님들이 학생들에게 아기 다루듯 포근한 어투와 속도로 이야기할 때 참 좋다는 생각이 듭니다.

고학년의 돌출 행동이나 문제를 일으키는 아이들은 앞에서 이야기한 것처럼 회복적 생활교육 기법을 배워서 내 것으로 만들어보라고 권하고 싶어요.

😊 동의합니다. 저학년과 고학년은 결이 달라도 너무 달라서 전혀 다른 접근법이 필요하더라고요.

😊 그런데 이게 쉽지 않아요. 교사들도 개성이 있거든요. 각자 성향이 있잖아요. 그럼에도 내가 가진 기본 성향에 사랑을 첨가해야만 가능한 것 같아요. 아이들은 상대의 목소리에서 진심인지 아닌지 금방 알아채니까요.

😊 아이들은 확실히 진심을 금방 알아차려요. 저도 지금까지 저학년을 딱 2년 맡았는데, 그때 제 공개수업을 보고 동료 교사가 가증스럽다고 했던 말이 기억나네요. 고학년일 때와 너무 다른 모습에 차마 눈 뜨고 볼 수 없었다고 하더라고요.

😊 하하하. 상상이 됩니다.

😊 저도 선생님 말씀처럼 눈높이 교육이 교사들의 전문적인 능력이 아닐까 생각합니다.

그러고 보면 무엇에나 진실함으로 다가가면 수업 기법이 조금 부족하더라도, 생활지도 기법이 어설프더라도 잘 해결되는 것 같아요.

맞습니다. 다음으로 수업에 대해서 이야기를 나눠볼까요? 수업에 대한 접근이나 수업을 통해 아이들에게 전하고 싶은 것들이 있으실 텐데, 말씀해 주시죠.

우리들의 영원한 고민이며 숙제이죠? "교육에 왕도는 없다"는 진리의 문장이 생각납니다. 요즘 저는 아이들에게 '배움노트쓰기'와 '초록문장쓰기'에 집중하고 있습니다. 우리들에게 주어진 교육과정이라는 매뉴얼을 기본으로 해서 아이들이 자율적으로 배움을 정리하는 연습을 시키고 있어요. 우리들이 잘 아는 자기주도학습을 실천하려면 배움을 정리하는 방법을 알아야 가능해지기 때문입니다.

제 이야기를 잠깐 해볼게요. 저의 초등학교 시절 'ㄱ'자 한옥집에 살았어요. 겨울에 내리쬐는 햇살을 맞으며 마루에 앉아 책을 참 많이 읽었어요. 그리워지네요. 집이 청주교대 옆이어서 도서관 책 중에 제가 소화할 수 있는 책은 적어도 한 번 이상 읽었죠. 그런데 그 시절에는 생각, 느낌 쓰기를 배우지 못했어요. 그냥 열심히 읽는 데 만족했죠. 성장해서 대학 입시를 앞두고 학교를 선택할 때 논술에 자신 없어 다른 학교는 생각도 못하고 논술이 없는 교대를 선택하게 되었어요.

결국 독서의 완성은 글쓰기까지라는 것을 알게 되었습니다. 그래서 아이들에게 배움 정리를 통해 중심 단어, 중요 문장을 찾는 연습과 요약하는 힘을 기르는 또 하나의 방법이라 열심히 강조하며 가르치고 있습니다.

교실에서의 교수법이 참 다양해지고 전문화되었습니다. 최근에는 인터넷으로 우수수업 동영상도 언제든 볼 수 있고요. 하지만 아쉬운 것은 수업에 대한 해당 수업자의 교육철학이 없더라고요. 수업에 대한 철학적 생각에 대해 인터뷰라도 해서 넣으면 좋겠다는 생각이 불현듯 들었습니다. 배움노트는 알겠는데, 초록문장쓰기는 뭐죠?

초록문장쓰기는 독서 지도의 한 방법입니다. 초록문장쓰기는 옆 반 후배 선생님을 통해 알게 되어 학급 운영에 적용했어요. 독서활동을 하면 독후감 쓰기를 주로 하는데 초록문장쓰기는 책을 다 읽고 난 뒤 기억하고 싶은 문장이나 감동을 준 문장을 다시 찾아 공책에 적는 거예요. 쪽수까지 적어놓으면 다음에 그 문장을 사용하고 싶을 때 찾기가 좋죠. 사실 지금도 하고 있어요. 지금 당장 눈에 보이는 결과물은 없지만 분명 열매를 맺는 날이 올 거라고 예상합니다.

그렇군요. 쓰기가 중요하다는 선생님의 경험이 교육철학에 투영된 것이군요. 수업에 대한 이야기는 이쯤하고 동료 교사, 교감선생님, 교장선생님과의 관계나 대화에 대한 이야기로 넘어가죠. 동료 교사로서 신규 교사가 가져야 할 마음가짐이나 태도에는 무엇이 있을까요? 또는 어떻게 해야 할까요?

참 어려운 질문입니다. 모든 관계를 형성할 때 관심과 이해를 바탕으로 선배님들과 이야기를 많이 나눌 마음의 준비가 필요한 것 같아요. 요즘 젊은이들은 MZ세대여서인지 알고 있는 건 참 많은데, 그 지식을 지혜로 바꾸려는 시도가 적은 것 같아요

지식을 지혜로 바꾸려는 시도가 적다. 참 의미 있는 말씀이시네요. 마음가짐에 대해 이야기해주고 계신데요. 나이와 상관없이 교사라는 직업이 가르치는 일인데, 실제로 가르침에 대해 오픈된 마인드가 많이 부족하다는 생각을 저도 요새 많이

하고 있습니다.

그렇지요. 반복되는 이야기지만, 우리 교사들의 나눔이 회복되어야 할 때입니다. 그런데 우리는 꼭 어떤 교육적 목적이 있어야만 모일 수 있다는 고정관념에서 벗어날 필요가 있는 것 같아요. 저 역시 이 부분이 어렵기는 합니다.

모임 자체가 갈수록 적어지고 있죠.

네. 가까이는 매월 권장하는 문화의 날에도 가는 목적을 적고, 결과를 이야기해야 하는 그런 경직된 사고에서 조금은 자유로울 필요가 있습니다. 물론 서류상 필요한 부분은 해야죠. 이 부분은 학교 리더들의 생각과 말에서 변화가 올 수 있는 문제인데, 매번 '감사'를 앞세워 매뉴얼을 강조하면 자유로움이 제한되니까요. 물론 입장은 이해합니다만, 매뉴얼과 밀당할 수 있는 용기 있는 관리자들이 많이 생겼으면 좋겠어요. 학교가 자유로움을 찾는 날이 언젠가는 오겠지만, 시일이 참 오래 걸릴 듯합니다. 학교 문화에는 요식행위, 즉 보고와 결과 첨부가 너무 많습니다. 기안으로만 끝내도 되는 것을 굳이 하는 이유는 감사에서 지적 사항이기 때문이죠. 이건 학교장의 교육관도 중요하겠지만, 교육 전체의 시스템적 문제라고 봅니다.

맞아요. 교육 시스템의 변화가 필요합니다. 그것은 여기서 우리가 더 이야기할 사항은 아니지요. 시대가 변하니 교사에게 요구하는 사항들이 참 다양해진 것 같습니다. 동료 교사 간에도 많은 게 바뀌었죠. 동료 교사 간의 예의나 태도에 대한 선생님의 평소 생각을 들려주시죠.

대부분의 교사들은 가르침에 대한 열정과 능력과 은혜가 충만합니다. 그만큼 자기 편견의 틀에 갇히게 될 때도 많고요. 나이가 들수록 더 완고해지고 융통성이 없어진다고 하잖아요? 익숙한 것을 선호하여 계속하다 보니 고정관념이 굳어지더라고요. 그래서 이제는 선배가 먼저 후배들에게 다가가야 할 것 같아요. 예의나 태도라는 외형적 모습은 우리 모두가 잘하고 있잖아요?

더할 나위 없이 잘하죠. 질문이 잘못되었네요. 먼저 다가가자. 저도 공감하는 내용입니다. 그런데 이게 쉽지 않은 딜레마입니다. 선배 교사들은 귀찮고, 후배 교사들은 어렵고요. 혜

안이 있을까요?

새로운 트렌드를 받아들여 함께 적용하고, 그 과정에서 젊은 후배들이 놓치는 부분을 알려주면서 함께 해나간다면 우리의 미래는 크게 걱정할 게 없을 것 같아요.

네. 장시간에 걸쳐서 이야기를 나누었는데요. 이제 마지막으로 해주실 말씀으로 마무리할게요.

'코로나'라는 예상치 못한 상황으로 디지털 시대를 넘어 인공지능 시대로 급격히 전환된 학교 현장에서 시대를 반영한 교수기법들이 쏟아져 나오고 있어요.
이제는 후배 교사들이 내놓는 아이디어를 선배들이 잘 받아들여 함께 나아가야죠. AI로는 채울 수 없는 것들이 분명 있거든요. 이럴 땐 선배들이 오랜 시간 쌓아온 경험치를 나누며 함께 가는 아름다운 공동체가 되어주세요.

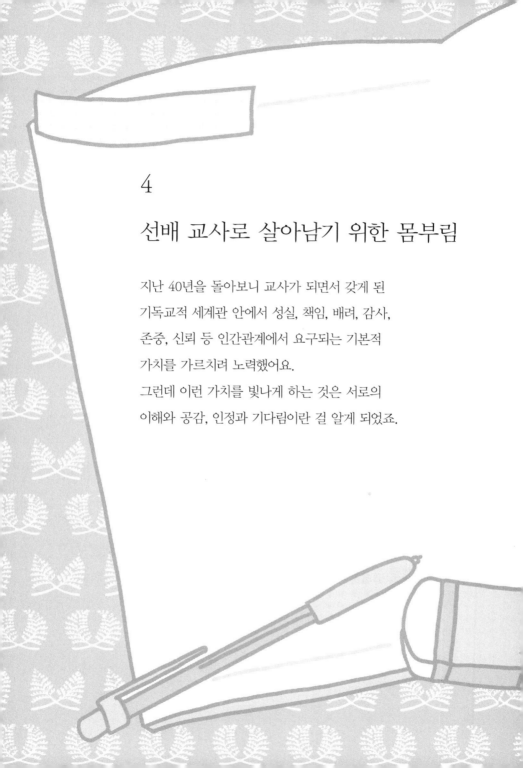

4

선배 교사로 살아남기 위한 몸부림

지난 40년을 돌아보니 교사가 되면서 갖게 된
기독교적 세계관 안에서 성실, 책임, 배려, 감사,
존중, 신뢰 등 인간관계에서 요구되는 기본적
가치를 가르치려 노력했어요.
그런데 이런 가치를 빛나게 하는 것은 서로의
이해와 공감, 인정과 기다림이란 걸 알게 되었죠.

"선배 교사로 살아남기 위한 몸부림"이라는 주제로 이야기 나누겠습니다. 선배 교사, 요새 참 힘듭니다. 특히 요새는 딱히 나이와 상관없이 힘든 것 같아요.

선배 교사로 살아남기라고 하셨나요? 언제부턴가 제 안에서 수없이 질문하고 고민하는 주제입니다.

선배가 되면 좀 편할 줄 알았는데, 결코 그게 아니더라고요. 오히려 더 많이 신경이 가고, 더 힘들 때도 있어요.

선배의 자리가 어렵네요. 제가 젊은 교사 시절, 선배들은 "나도 왕년에 엄청 일했지. 이젠 편히 있어도 될 때야. 그런 건 이렇게 해야 해."라는 말을 자주 들었던 것 같아요. 약간 다른 이야기지만, 오늘 비가 내렸잖아요? 현관 앞에 도착했을 때 5학년 아이 넷이 우산을 접고 물기를 털면서 세 아이가 한 아이에게 "너 때문에 물이 내 발로 튀겨 젖었으니 책임져."라고 한 아이를 집중 공격하더라고요.
공격하는 아이들은 장난치듯 이야기했지만 공격받는 아이의 얼굴이 순간 너무 어두워 보였어요. 그 모습을 한참 지켜보았는데 그냥 넘기자니 마음에 걸리고, 더구나 작년에 가르쳤던 아이들이라 먼저 조심스레 아이들과 이야기를 나누었어요. 그리고 오후에 그 아이들의 담임선생님에게 이야기를 할까 말까 굉장히 고민했죠.

그래도 해야겠다는 생각에 조심스럽게 담임선생님을 만나 그 이야기를 나누고 돌아오는데 왠지 후회스런 마음이 들더라고요. 그냥 넘기면 마음이 불편해서 후회할 것 같고, 할 말을 하자니 요즘 흔한 꼰대 선배가 된 것 같아 자존심 상할 것 같고……. 정말 선배가 된다는 건 어렵고 힘든 일인 것 같아요.

과거에는 선배 교사들이 후배 교사들에게 하고 싶은 말을 직접 하는 경우가 많았지만, 이제는 그게 힘들죠. 30~40대, 50~60대 선배 교사로서 했던 행동이나 생각에 대해 나눠볼까요? 사실 20대부터 60대에 이르기까지 시간이 지나면서 교직에 대한 생각들이 많이 바뀌는 것 같습니다. 3040 시절에는 주로 어떤 쪽에 관심이 있으셨나요?

30~40대라면, 트렌드를 따라가며 정말 많은 연수를 듣고 좋은 것들을 아이들과 함께하는 학급 활동에 에너지를 쏟았어요. '아이들과 비빔밥 해 먹기', '체육대회', '우수 모둠과 특별 이벤트 행사하기' 등에 열심이었죠.

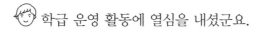 학급 운영 활동에 열심을 내셨군요.

네. 저 나름대로 열심히 따라 했는데 완전히 내 것을 만들지 못해 지속되지는 못했어요. 지금 돌이켜보면 아쉽고 후회가 됩니다. 제 기억에 문 선생님을 알게 된 게 '음악줄넘기' 연수 때였어요. 열심히 준비하셔서 다른 교사들에게 도움을 주는 선생님이셨는데, 저는 늘 그날그날을 살아가느라 '나'를 보여줄 수 있는 전문성을 만들지 못했던 게 아쉬움으로 남습니다.

그래도 선생님은 동료 교사들에게 선한 영향력을 흘려보내셨다고 생각합니다. 퇴직을 앞둔 지금도 열심히 하시는 모습이 타 교사들의 모범이 되십니다.

그렇게 말씀해주시니 위로가 되고 힘이 됩니다.

선생님께서는 주로 어떤 교과, 어떤 철학에 집중하셨는지요? 그런 동기부여는 무엇이었나요? 편하게 말씀해 주세요.

아이코, 교육 철학이라……. 생각을 좀 해봐야겠어요. 특별한 철학적 기반 위에서 교사 생활을 했다고 말씀드리기는 어려워요. 전에 말씀드린 것처럼 저는 선생님이 되는 것이 자연스러운 환경에서 자라서인지 교사의 길을 걷는다는 데 깊은 고민이 없었어요.

지난 40년을 돌아보니 교사가 되면서 갖게 된 기독교적 세계관 안에서 성실, 책임, 배려, 감사, 존중, 신뢰 등 인간관계에서 요구되는 기본적 가치를 가르치려 노력했어요. 그런데 이런 가치를 빛나게 하는 것은 서로의 이해와 공감, 인정과 기다림이란 걸 알게 되었죠.

결국은 내 안에 자리한 기독교적 세계관이 교육철학의 뿌리라고 조심스레 말씀드릴 수 있겠네요. 그리고 전담교사를 할 상황이 되면 음악과 영어를 선택했어요. 그중에서 음악 전담을 많이 했으니 음악이라고 말할 수 있겠네요

예체능이 사실 초등에서 중요하죠. 음악 수업을 하실 때 주로 어디에 중점을 두셨나요? 혹은 어떤 것은 꼭 가르쳐야 한다, 뭐 그런 게 있으셨는지요?

일반적으로 음악은 부담 없이 즐겁게 노래하는 과목으로 알고 있어요. 그런데 음악 과목 선호도를 조사해보면 의외로 싫어하는 아이들이 있어요. 왜 그런지 살펴보면 음악의 기

초 이론을 잘 모르기 때문이에요. 그래서 저는 음악의 진정한 즐거움을 알게 하고 싶어서 기초 이론과 함께 노래와 악기 연주에 집중하는 편입니다.

초등에서 공부한 음악의 기초 이론이 나중에 성인이 되었을 때 음악을 즐기고 이해하는 데 큰 역할을 하는 걸 보았어요.

네, 맞아요. 초등교육의 중요성은 기초 기본 교육을 바로 세우는 일이라는 것과 맥락을 같이하죠. 예체능도 마찬가지예요. "아는 만큼 느낄 뿐이며, 아는 만큼 보인다." 오래전 유홍준 교수님의 《나의 문화유산 답사기》 서문에서 읽은 이 문장이 제 교육관에 잔잔한 영향을 주었습니다.

요새는 "보는 만큼 보인다"는 생각이 드네요. 그래서 연수나 책 등 다양하고 깊이 있는 공부가 교사들에게 필요하다고 봅니다.

아하, 그렇기도 하네요. 경험이 그만큼 중요해요. 아는 것, 보는 것에 해보는 것이 더해져야 비로소 자기 것이 되죠.

경험이 적은 신규 교사들이 빠르게 경험을 체득할 수 있는 방법이 있을까요?

스스로 편견의 틀을 깨면서 찾아야 하는 건데, 제가 드릴 수 있는 말은 교사 동호회가 주변에 참 많으니 귀를 열고 용기를 내서 찾아가라고 권해주고 싶어요. 동료들과의 나눔의 장에서 얻는 방법이 최고인 것 같아요.

집단지성! 맞습니다. 그런데 사실 젊은 세대에게는 소통과 대화의 시간이나 기회가 적은 게 안타까워요.

어느 책인지 기억은 안 나는데, "자기 편견의 감옥으로부터 상대방을 놓아줄 수 있어야 한다."는 글을 봤어요. 과연 나 자신은 나와 다른 의견을 만났을 때 제대로 인정하고 소통하며 대화를 잘 이끌어가고 있는가 하는 생각을 많이 해왔습니다. 누가 만들어주기를 기다리기보다는 알아차린 한두 명이 먼저 용기를 내서 시작할 때가 아닌가 합니다.

"편견이 심한 집단이 교사다"라는 이야기를 다른 직업군에 있는 분들이 자주 합니다. 그 이유가 뭘까요? 또는 반박하실 생각이 있으신가요?

그렇게 이야기할 수도 있지만, 교사들의 경우 우리에게 맡겨진 아이들을 책임져야 하는 무게감이 큽니다. 그리고 나만의 교육관을 세워 우리 반을 일 년 동안 이끌어가야 하다 보니 많이 생각하게 되고, 그 생각을 일관성 있게 지켜 나가다 보니 편견의 틀에 갇히게 된 것은 아닐까 하고 제 모습 속에서 찾아봅니다.

편견보다는 철학의 융통성이 부족하다로 치환해야 하지 않나 생각합니다. 사실 세상에 비해 교육제도나 생각이 세상을 따라가지 못하는 것은 당연한 이치인데, 이걸 교육 관계자 외 분들은 이해하지 못하죠. 아니, 따라가야 한다는 막연한 생각만 가지고 있죠. 실천은 우리 몫이고요.

맞아요. 철학적 융통성이라 볼 수도 있겠네요. 때로는 건강한 철학이라면 일관성 있게, 고집스럽게 나가야 할 필요도 있잖아요. 다 나쁜 일은 아니라고 생각해요. 초등학교만 예를 들어도 6년간 만나는 선생님을 통해 작은 사회를 경험하며 배워나가기 때문에 교사만의 색깔이 있어야 하는 게 맞거든요

이게 사회성을 배우는 첫 단추가 되죠.

인생엔 정해진 틀은 없지만, 교사가 되기로 결정한 뒤에는 책임감과 의무감으로 똘똘 뭉쳐 살게 되더라고요.

시대가 시대인지라 의무와 책임이 너무 가중되는 게 아닌가 주변을 살펴보게 됩니다. 학교를 교육기관이 아니라 보육 기관으로 생각하시는 분들이 많더군요. 마치 어린이집에 보내고 맡기는 그런 태도를 보이시는 학부모를 보면 좀 안타깝고 걱정도 됩니다.

그렇죠. 이렇게 내 곁에 있는 문제는 곧 대한민국의 교육에 대한 걱정과 함께 가기에 마음이 더욱 무겁습니다.

이 문제는 여기까지 다루고요. 학년군별 교사가 담임이 되었을 때 필요한 게 무엇인지에 대해서 이야기를 나눠볼게요. 우선은 저학년을 맡은 경우, 어떤 게 우선시되어야 할까요?

저학년 아이들은 같은 목표에 다양하게 접근해서 반복적으로 가르치는 것이 필요하니 기다림의 덕목이 필요하지 않을까요? 기다림과 이해의 미덕을 생각해보게 되네요.

교사로서 기다림은 힘든 덕목일 것입니다. 그래서 반복해서 설명하고, 또 기다리고 이게 사실 지금 세대들에게는 정신적 중노동에 해당하죠. 사실 나이가 들면 좀 수월해지기는 하지만요.

저학년 아이들을 가르칠 때 그 나이의 발달 단계와 또래들의 행동 습관 등을 이해하면 몸은 힘들어도 마음은 뿌듯해질 것 같아요. 그래서 신규 교사들에게 저학년을 맡겨야 할 땐 참 많은 고려를 하게 되죠.

맞습니다. 신규 교사 멘토를 할 때 저학년을 맡은 분들은 어떻게 해야 할지를 잘 모르겠다고 넋두리하시더라고요. 그렇다면 중학년을 맡은 교사들에게는 무엇이 필요할까요?

중학년은 고학년으로 성장하는 길목에 있기 때문에 중견 교사들의 넉넉함, 기다림의 덕목이 필요하고 삶의 가치를 심어주어야 한다고 생각해요. 저학년에서 건강한 생활 태도의 습관을 기른 뒤 중학년에는 왜 공부를 하는가, 어떻게 배움을 정리할 수 있는가 등 가치 덕목을 길러주어야 합니다. 고학년 사춘기가 오기 전 자기관리 능력을 길러줄 수 있는 시기가 중학년이라고 생각합니다.

해당 시기에 초등학교 아이들이 수학과 영어를 포기하는 경우가 많더군요. 왜 공부를 해야 하는지에 대해 꼭 짚어줘야 한다는 의견에 동의합니다.

저는 아이들에게 평가 대상은 먼저 자기 자신으로 정하라고 이야기해줍니다. 아이들 중에 경쟁의식이 아주 강한 아이들이 있는데, 그런 아이들은 객관적으로 보면 대체적으로 잘하는데 늘 짜증이 섞여 있더라고요.
평가 대상이 늘 자기보다 잘하는 아이들이다 보니 만족하지 못하는 거예요. 그래서 먼저 자기 자신이 기준이 되어 어제보다 오늘 얼마나 잘했는지 비교하며 자기평가를 해보라고 합니다. 배움노트쓰기와 감사일기쓰기를 하는 이유가 이 생각을 실천하는 방법이기도 해요.
자기평가가 중요하죠. 그런데 아이들이 성장하면서 이 부분을 놓치는 것 같아요. 경쟁의식을 강조하는 사회 분위기에 떠밀리는 모습인 것 같아 안타깝습니다. 사실 자기평가 습관을 기르는 게 쉽지는 않아요. 오늘도 단원평가 결과를 나눠줬는데 몇 개 틀렸는지 물어보며 삼삼오오 모이더군요.

그래서 다시 한 번 아이들과 이야기를 나눴어요. 상담의 정석대로라면 왜 다른 사람의 점수가 궁금한지 물어야 하지만, 오늘은 1학기부터 계속했던 이야기라 바로 설명했어요. 무엇을 공부하든 정리 단계는 평가를 하게 되는데, 평가 결과를 받으면 '자기 자신'에게 집중해달라고. 무엇을 틀렸는지, 왜 틀렸는지, 그리고 답을 찾기 어려우면 먼저 교과서를 펴고 스스로 찾아보기로 평가 결과 정리를 하자고 했죠.

쉽지 않은 습관이지만 아이들이 이미 이해하고 있는 부분이라 바로 행동해주더군요. 물론 모두 다는 아니지만요. 그래서 바로 폭풍 칭찬으로 분위기를 up! 시켰답니다.

그렇게 지도해주시는 게 노하우가 아닌가 싶습니다. 자기평가는 사실 나이와 상관없이 참 어려운 방법인 듯합니다. 이제 고학년으로 넘어가볼까요? 고학년 아이들은 어떤 것에 중점을 두고 지도해야 할까요?

제 경우 경력이 많아도 나이가 들면서 가장 가르치기 어려운 학년입니다. 왜냐하면 고학년은 사춘기로 가는 길목인데 아이들의 생각과 문화에 눈높이를 맞추기가 어렵더라고요. '청봉초'만 해도 고학년 담임들은 중견 교사의 반열에 오르기 시작한 선생님들로 구성되어 있어요. 4학년 때 가르쳤던 학생을 만나 이야기하다 보면 지금 담임선생님 이야기를 하게 되는데, 공통적으로 "우리 선생님 참 좋아요." 하고 말해요. 어떤 점이 좋은지 물어보면, 자기들의 이야기를 들어주면서 공부도 재미있게 잘 가르쳐주신다고 합니다.

고학년과 의사소통이 잘되는 교사들은 대부분 고학년을 선호하는데요. 아마도 선생님이 주목한 점이 이유인 듯하네요.

한마디로 공감대가 형성되어야 한다고 생각합니다. 이전에 이야기한 내용과 중복되는데, 나이가 들면 융통성이 없어지고 고집이 세어진다고 하잖아요. 저는 사춘기 아이들의 모습을 이해하고 기다릴 자신이 없어요. 그래서 자연스럽게 고학년 담임을 할 생각은 안 하고 있습니다.

선배 교사로 살아남기 위한 몸부림에 대해서 다양한 이야기를 진행하고 있는데요. 이제 퇴직까지 한 학기 남은 상황에서 요즘 무엇을 하시면서 시간을 정리하고 계신가요?

특별한 이벤트는 없어요. 다만 오늘, 지금 여기에서 최선을 다해 아이들에게 마음을 쏟아붓고 있습니다.

하루하루를 소중하게 보내는 것이 답이라는 말씀이군요. 이제 마무리할게요. 이 시대를 살아가는 선배 교사들에게 힘이 되는 말씀 부탁드립니다.

같은 시대를 살아온 선배 교사의 대열에 있는 동료들에게 어떤 말로 힘을 줄 수 있을까요?
그동안 학교 문화에 불어온 급격한 변화들을 다 겪고 이겨내서 오늘의 한국 교육이 서 있는 거라고 생각해요. 우리가 여기에 있었기에 가능했다고 자부합니다.
이제 남은 시간은 지금까지 교사로서의 시간을 행복하게 열심히 했다고 스스로 말할 수 있도록, 새로운 방법도 계속 배우며 끝까지 달려가세요. 그간 부족하고 아쉬웠던 생각을 채울 수 있도록!

5

내가 기억하는
학생, 학부모, 동료 교사

아이를 평가할 때
내 아이가 어제보다 나은 모습으로 했는가를
기준으로 살펴보라고요.
다른 사람을 놓고 비교 평가하면서
서로 힘들어하지는 말라고 합니다.
다만 친구에게서 잘하는 것은 "잘하는구나!" 인정해주고
배울 수 있으면 배울 것을 제안해보라고요.
알아듣는지, 이해하는지 몰라도
계속 이야기해 주어야 합니다.

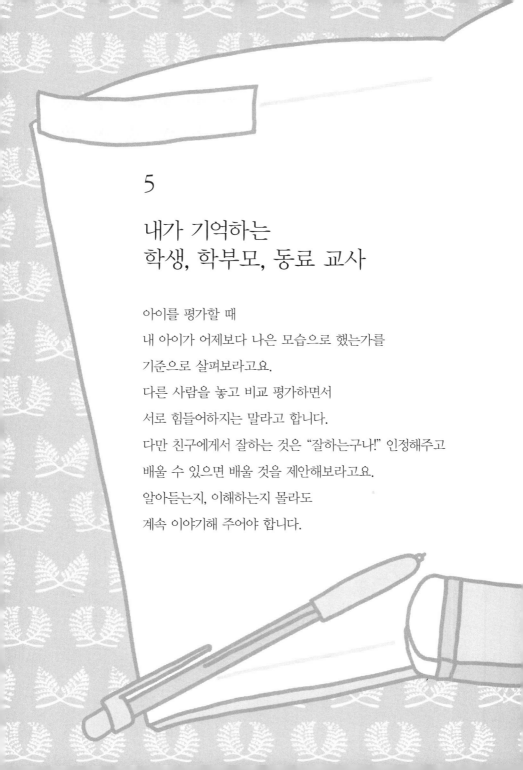

👦 "내가 기억하는 학생, 학부모, 동료 교사"라는 주제로 대화를 시작해볼까요? 우선 기억에 남는 학생에 대한 이야기로 시작하죠.

👩 가장 먼저 떠오르는 학생들은 역시 초임 교사로 만난 첫 아이들이네요. 이번 대화의 첫머리에 소개한 아이들입니다. 제 교사 생활 중 가장 멋지고 이상적인 학교생활이었죠. 그다음에 이동한 학교에서도 한동안 초임지의 기억에 갇혀 혼자 힘들어했던 기억이 납니다.

교육 환경이 엄청나게 차이 나는 아이들이었는데 3년간의 경험이 내 모든 경험이다 보니 새로 만난 아이들이 못한다는 생각에 불평하며 아이들 탓을 했어요. 지금도 미안함이 다시 밀려오네요. 그동안 학교를 이동하면서 만난 수많은 아이들이 떠오릅니다.

모두 다 이야기는 할 수 없으니, 4학년 담임을 하면서 만난 남학생이야기를 해볼게요. 첫 만남부터 눈에 띄었는데, 교실에서 많은 친구들과 갈등을 일으켜서 불러 이야기해보면 자기 이야기는 잘 들어달라고 하면서 다른 친구 이야기는 잘 인정하지 않았어요. 모둠을 정할 때면 같은 모둠이 될까 봐 아이들이 긴장하더라고요.

비슷한 아이가 한 명 더 있었는데, 둘이 붙으면 만화영화 <톰과 제리>처럼 끊임없이 장난을 치며 사고를 내는 바람에 엄청 지쳐가던 중에 그 아이의 매력적인 색깔을 발견했어요.

그러고는 그 아이와의 밀당을 시작했죠. 내가 느낀 단점과 장점을 솔직히 말해주었더니 자기가 유아적이고 이기적이어서 감정을 잘 조절하지 못하겠다고 인정하면서 고치기가 힘들다고 하더라고요. 그래서 선생님이랑 함께 고쳐보자 약속하고 학부모 상담을 병행했어요.

그 이후 최선을 다해 칭찬 거리를 찾다가 경계선을 넘은 행동엔 분명한 평가와 대가를 지불하게 하면서 일관성 있게 오랜 시간 인내했어요. 그랬더니 그 아이 엄마도 자식의 모습을 인정하며 조금씩 변화하는 모습을 보였죠. 몇 해가 지나고 6월이 되어 갈 때 그 아이가 노란 장미 한 다발을 들고 찾아와서 안겨주며 그러더라고요. "저를 지금 이 정도로 만들어주신 분은 박윤숙 선생님이세요."라는 아이의 말에 참 행복했습니다. 교사로서 힘든 시간을 보내고 있을 즈음 충전된 사랑 에너지였습니다. 그 친구와 쌍벽을 이루던 다른 한 아이에게도 똑같이 노력을 했지만, 그 친구는 계속적인 노력에 말로만 반응하고 행동으로 옮기는 노력을 잘 안 하더라고요. 제가 잘 도와주지 못해 아쉬움으로 남습니다. 사제 간의 정은 그 어떤 관계보다 뜻깊고 가치가 있는 것 같습니다.

저도 성인이 되어 연락을 하거나 만난 제자들이 참 고맙더라고요. 그러면서 한편으로는 교직 택하기를 잘했다는 위안도 생기더군요.

그게 점점 힘들어가는 교사 생활에 그나마 힘이 되는 게 아닐까요?

맞습니다. 교직에서 받는 상처들이 대부분 인간관계의 틀어짐에서 나오는 것 같아요. 선생님 말씀대로 그나마 제자들의 위로나 제자들과의 만남이 힘이 되어주더라고요. 매년 힘든 아이들을 만나게 되는데, 변화되는 그 아이들의 모습이 기쁨이고 힘입니다.

선생님과의 관계가 틀어져서 다양한 문제를 일으키는 학생들이 있는데요. 그런 아이들은 어떻게 지도해야 할까요?

교사가 된 이상 그것은 우리를 끊임없이 따라다니는 숙명 같은 거죠. 그리고 문제 학생을 만나면 신규 교사나 40년 된 교사나 같은 마음이 아닐까 해요. 제 생각을 나눠볼게요. 문제 행동에 대한 교사와 학생들의 생각은 서로 다를 수 있어요. 교사의 관점에서는 큰 문제인데 학생은 자기 마음의 표현이라고 생각하는 경우도 있죠.

물론 정서 행동 장애로 분류된 아이들과 다른 경우를 말합니다. 그래서 먼저 교사들이 자신의 관점으로 판단하는 것을 일단 멈추고 아이에게 물어봐야 해요. 그 과정에서 생각의 차이를 좁히게 되고 아이에게 문제 행동에 대한 문제를 인지시킬 수 있게 되는 경우가 많아요.

때로는 교사가 아이의 문제 행동에 대해 다른 관점을 찾아내기도 하거든요. 사실 제가 말씀드리는 내용 대부분은 상담의 기본이에요. 다들 알고 있는 것이지만, 문제 상황에 닥치면 해결책이 떠오르지 않아요. 그래서 듣고 또 듣고 문제를 해결하면서 적용하다 보면 경험이 쌓이게 되더군요.

알고 있는 것과 실제는 다르지요. 경험치가 참 중요합니다.

또 하나는 선생님들 중에 착하고 좋은 교사 증후군이 있는 것 같아요. 최선을 다해 아이들에게 좋은 것을 주려고 하죠. 그러다 번아웃이 되고요. 학생 인권 존중도 중요하고 학생을 인격적으로 대하는 것은 당연히 우리가 지켜야 할 일이지만, 그만큼 요즘 학생들은 자기 행동에 어른들이 어떤 반응을 하는지 많이 알고 있는 것 같아요.

흔히 "간을 본다"는 말을 쓰는데, 선생님들의 선하고 인격적인 마음을 이용하는 경우도 있더라고요. 이런 아이들의 심리를 파악하고 대응하기 위해서는 교사들이 상담을 공부하는 데 그칠 것이 아니라 그 이상을 알아야 한다고 생각합니다.

😊 선생님의 고견을 후배 교사들이 절실히 깨닫기를 저도 바랍니다. 갈수록 교사는 직장인이라는 부정적 시각이 많이 불편합니다.

😊 오늘 교장선생님과 2교시 후 잠시 만날 기회가 있었는데, 마침 행정실에 5학년 선생님이 다녀가셨어요. 그때 "몇 학년 선생님이시지?" 하고 묻는 걸 보고 마음이 먹먹해지더라고요. 관리자들도 많이 위축되어 있고, 교사들은 굳이 관리자들과 소통하지 않아도 된다는 생각이 굳어져가고 있다는 생각에 선배로서 책임감이 느껴졌습니다.

😊 교육계 전반이 굳어지는 느낌은 확실히 전해지고 있습니다. 세대 간의 갈등은 아니지만, 20대에서 60대에 이르기까지

같은 직급, 동일 직장에서 함께한다는 것이 우리 모두를 힘들게 한다는 점을 지금으로서는 인정하지 않을 수 없네요.

선생님의 생각에 동의합니다. 저도 얼마 전 딸아이와 이야기를 나눈 적이 있습니다. 그 문제점에 대해서요. 딸아이는 공무원이면서 상담교사를 준비하던 중으로 양쪽을 다 경험한 입장에서 이야기를 했지요.

딸아이의 주장은 교직에도 그 나름의 직급이 있어야 한다는 거였어요. 예를 들면 우리가 자율 장학을 하면서 경력에 따른 나눔을 하고 있잖아요? 교사들도 서넛 단계 정도의 공식 직급으로 나뉘어야 한다. 앞으로 교직 초년생과 30년 이상 교직에 몸담은 경험을 같은 라인에 세운다면 세대 간 갈등을 해결하지 못해 교직 사회가 무너질 수도 있다는 생각을 나눴죠.

이게 쉽지는 않지만, 반드시 이루어야 할 과제라고 저도 생각합니다. 그리고 아까 후배 교사들에게 해주셨던 이야기 중 상담의 기초 지식 이상을 갖춰야 한다는 점에 대해서 생각을 나눠볼까 합니다. 학교마다 상담실이 있고 상담교사가 있지만, 이 제도는 탁상공론적인 제도라는 생각이 듭니다.

사실 아이들을 일선에서 종일 만나는 사람은 담임교사예요. 모든 담임교사를 상담 전문가로 세우는 일을 해야 점점 심해져가는 정서 행동 문제의 해결에 실질적인 도움이 될 거라 생각합니다. 교대나 사범대의 커리큘럼에 상담심리 교육과 실제 수련 과정이 가장 중요하게 다루어져야 한다는 게 제 생각이에요.

학교 현장에서는 상담교사의 역할이 아직 학교폭력 문제나 학생 간의 문제에 맞춰져 있는 듯합니다. 사실 아이들을 가르치는 교사들을 대상으로 하는 상담 연수가 많이 개설되고 연수를 통한 지적인 관리가 필요해 보입니다.
교대와 사대에서도 상담에 대한 진지한 고찰이 강조되어야 한다는 데 저도 동의합니다. 대학 학부 과정이나 전문가 과정에서 꼭 이수해야 하는 과목이 상담이라는 생각이 들고요.

제가 현장을 떠나더라도 이것을 매일 기도 제목에 넣어 기도하고, 도울 일이 있으면 도울 생각입니다

훌륭하십니다. 그런 마음을 먹기가 쉽지 않은데 열정이 대단하시네요. 혹시 학생 관련 이야기나 더 하실 말씀 있으

신지요?

최근의 학생밖에 생각나지 않아서……. 학생에 대한 질문을 받으면 생각나는 아이들이 모두 학교생활에 적응하지 못하고 자존감이 낮은 아이들이네요. 한 아이는 자기가 존재감이 없다고 생각하고 있었죠.

갈수록 학교나 가정에서 존재감이 없다고 생각하는 아이들이 많아지고 있는 것 같습니다.

무슨 시간이든 말없이 조용히 앉아만 있었지요. 아무것도 안 해서 물어보면 연필이 없어서라고 합니다. 친구에게 빌릴 생각도 안 하고 그냥 앉아 있어요. 고도비만으로 보일 만큼 덩치가 큰 아이도 있고, 학습면을 보면 수학 기초 연산이 2학년에 머물러 있죠.

조용하고 비만인 아이들의 성향이 비슷한 것 같아요. 교실에 전담으로 들어가면 한둘은 보이더군요.

저는 그런 아이들한테 유독 신경이 많이 쓰여요. 칭찬해

줄 행동을 찾으며 기다리다가 그 아이가 국어과 문장 이해력이 높다는 것을 알게 되었어요. 그래서 그 부분에 대해 폭풍 칭찬을 하면서 수학 기초 연산 능력 기르기에 집중했어요.

다행인 것은 배우고자 하는 의지가 높다는 거예요. 방과 후 교실에 남아서 매일 저와 보충수업을 하고 갔죠. 한 달, 두 달 시간이 흐르면서 수학 기초 연산 및 2~3학년 과정을 조금씩 따라잡기 시작했어요.

물론 국어는 보통 아이들 보다 잘하고요. 아이가 점점 자신감을 얻기 시작하더니 드디어 자기 생각을 표현하기 시작했어요. 체육시간에 농구 드리블을 연습하던 중에 갑자기 큰 소리로 우는 거예요. 다친 줄 알고 놀라서 물어보니 "이게 맘처럼 안돼요!" 하며 엉엉 울더라고요. 그때 맘속으로 참 많이 기뻤어요. '자기 마음을 소리내기 시작했구나' 하는 생각에서 말이죠. 먼저 마음을 소리 내서 표현한 것을 칭찬해주고는 우는 것으로는 해결할 수 없다고 알려줬지요. 그리고 따로 드리블 연습을 하면서 드리블 팁도 알려주고 연습시켰습니다. 그 뒤 또 다른 상황에서 또 울면서 자기 마음을 표현하길래, 그때는 단호하게 야단쳤어요. 우는 것으로는 해결할 수 없다고요. 잘 안 되는 것은 그동안 체육 기능을 잘 익히지 않았기 때문이라고 알려주고 더 많이 연습해야 한다고 말했죠.

그 이후 그 아이에게서 개그맨이 될 만한 순발력과 재능을 발견하고는 기회가 있을 때마다 꿈과 희망을 불어넣고 있어요. 나중에 혹시 개그맨이나 연예인이 되어 TV에 나오면 〈TV는 사랑을 싣고〉에서 선생님을 꼭 찾아야 한다고 말이죠. 알겠다고 했으니 살짝 기대해보는 기쁨도 있네요. 학년이 끝날 때까지 제 이름을 계속 주입시켰습니다.

교사로서 학생의 내면을 봐주고 끼를 찾아서 표출하게 도와주는 게 쉽지는 않지만, 이를 통해 학생이 변화될 수 있게 하는 게 교사의 가장 중요한 역할이 아닌가 생각합니다.
기억에 남는 학생에 대한 이야기는 이쯤에서 마무리하고, 지금까지 만난 동료 교사 중에서 생각나시는 분이 많을 텐데, 그 이야기를 들려주시죠.

네, 많지요. 제가 도와줘야 할 상황에서 제대로 살펴주지 못했던 후배가 생각나고요. 제가 교사로서 자신 있게 나갈 수 있도록 지지해 준 선배님도 생각나요. 그중에서도 가장 기억나는 동료는 함께 상담 공부를 하고 같이 근무하면서 만난 두 명의 후배입니다.
둘 다 "지금 여기를 정성껏 살아가자"를 모토로 열심히 연수

하고, 그 배움을 교실에서 적용하는 모습에서 제가 많이 도전을 받고 배웠습니다. 그중 한 후배는 학생 한 명 한 명의 이야기를 정성껏 들어주고 기다려주며 아이를 만나주는 모습이 좋았습니다. 저에게 부족한 부분을 보게 해주는 친구였어요. 소규모 학교여서 학생 수가 적기 때문에 가능했을지도 모른다고 생각했는데, 시간이 지나 다인수 학급을 맡아서도 잘하더군요. 저는 기다림이 어려운 유형의 사람인데, 그 친구를 보면서 조금씩 생각과 시선을 바꿔가기 시작했어요.

그렇군요. 저도 아마 그런 사람 중 하나인 듯합니다. 학생들의 이야기를 듣기보다는 가르치고 제시하는 데 포커스가 맞춰져 있는 걸 보면요.

사람마다 자신의 스타일이 있잖아요. 자신만의 색깔을 놓치면 안 되겠지만 부족한 부분은 알아차리고 변화를 시도하는 것이 나에게 복된 일이라는 생각을 합니다.
다른 한 후배는 학생들과 대화의 언어를 맞춰가는 모습이 인상적이었어요. 같은 맥락인 것 같지만, 이 친구도 아이들의 언어와 마음으로 이야기하고 기다려주던 모습이 많이 떠오릅니다.

더 자세히 이야기해볼게요. 후배들이 학생들과 대화의 언어를 맞춰가는 모습이 인상적이었다고 하셨어요. 어떤 부분이 인상적이었고, 이 글을 읽는 후배 선생님들에게 도움이 될 수 있는 팁이 있으면 함께 이야기해 주시죠.

사람마다 성격 유형이 다 다르기 때문에 '정성껏'이라는 단어를 내 삶에 적용할 때도 각자 기준이 다르다는 것을 알 수 있어요. 그 친구에게서 가장 인상 깊었던 것은 관찰자 시점에서 객관적으로 볼 때 잘못된 행동을 한 경우에도 시간을 내어 아이의 마음을 들어주고 공감해주는 모습이었어요.
이론적으로는 잘 알고 있지만 현장에서 적용하기가 참 어려운 일이죠. 그래서 그 친구와 이야기를 나누던 중 책 한 권을 소개받았어요. 정해신의 《당신이 옳다》였어요.
내용의 기본 줄기는 "상대방이 느끼는 감정은 모두 옳다"고 인정해주어야 하고, 그 감정이 건강하지 못한 부분을 이야기하면서 알아차리도록 한다는 것이었죠. 그 친구도 힘들어하고 지쳐서 번아웃이 될 때도 있었지만 최선을 다해 정성껏 임하는 모습이 좋았어요.

교사들이 읽었으면 하는 책 목록 중 하나죠. '정해신' 작가는 의사죠. 그분의 글 방식이 독자들, 특히 선생님에게 나를 돌아볼 수 있게 하는 힘을 지닌 글이었던 것으로 기억합니다. 책에서 힘을 얻는 교사들이 참 많더군요. 그 어느 집단보다도 읽기와 듣기에 특화된 직업군이 교사인 듯합니다.

이야기를 이어가죠. 선생님이 중간에 이야기한 관찰자 시점이 요즘은 방관으로 치부되는 듯해서 좀 아쉽기도 합니다. 충분히 기다려주고 확실한 확신이 들기 전까지는 아이의 행동에 제재를 가하지 말라고 하는데, 이게 참 어렵더라고요.

🧑 균형을 유지한다는 게 참 어려워요. 관찰자 시점이라는 표현이 방관으로 치부되기도 하는데, 다른 시선으로 바라보면 성숙한 사람으로 가는 길에 꼭 필요한 부분이라고 생각합니다. 에니어그램 성격유형으로 바라본 나는 1번 완벽주의자에 2번 날개를 사용하고 있어요.

이런 경우는 내가 알고 정한 범위 안에서 옳다, 그르다의 기준을 정해놓고 대화를 하게 됩니다. 그렇기 때문에 앞서 이야기한 후배의 모습이 처음에 이해하기 어려웠어요. 그런데 일 년 동안 꾸준히 바라보면서 '나도 변해야 하는구나!'를 알아차리게 된 거죠. 그게 감사한 일이었습니다. 글로 표현하려고 하니 좀 어렵네요.

선생님의 생각이 충분히 전달되니 괜찮습니다. 후배를 보고 그런 깨달음을 얻기란 쉽지 않죠. 보통은 선배나 동년배 교사들을 보고 깨닫는데, 어찌 보면 그런 점이 선생님의 장점일 수 있겠다는 생각이 듭니다.

그럼 주제를 바꿔 볼까요? 학부모와 관련해서 있었던 일이나 배운 것들, 느낀 것에 대해서 이야기해주시죠.

그동안 정말 많은 학부모님을 만났어요. 첫째 아이를 낳고 거여초등학교에 근무할 때인데, 남편은 강원도에서 근무 중이라 주말에만 서울에 왔고 주중에는 저 혼자 아이를 키워야 했어요. 게다가 그때는 큰아이가 일주일에 한두 번씩 40도를 밑도는 고열이 있어 얼마 전 돌아가신 친정어머니께서 청주에서 서울을 오가시며 도와주던 때여서 제가 많이 힘들어 보였나 봐요.

가락시장에서 바나나 사업을 하던 여울, 새론 쌍둥이 어머니가 매주 에너지를 보충하라며 바나나를 가져다주셨던 게 기억이 나네요. '아, 이렇게 나누는 거구나' 생각했습니다.

바나나라니, 배고프던 시절에는 정말 비싸고 귀한 외국 과일이었죠.

새론, 여울 엄마는 언니처럼 위로해 주셨어요. 비록 그 이후 관계를 지속하고 있지는 않지만, 그때는 마음이 그랬어요.

그런 분들이 많았죠. 지금은 너무 형식적이고 사무적이라서 그때가 그립기도 합니다. 하지만 시대의 흐름이 그렇다면 또 겸허히 받아들이고 거기에 맞춰야 하지 않나 생각해 봅니다.

올해는 제가 한 번도 겪어보지 못한 학부모도 만났네요. 아빠들이 자기 자녀 이야기만 듣고 약간 취해서 전화로 항의를 하는 거예요. 그 순간 얼마나 당황스럽고 힘들던지…….

취해서 전화를 하다니 참 황당하고 속상하셨겠네요. 과거처럼 군사부일체는 아니더라도 동등하게는 생각하셔야 하는데, 그렇지 못한 모습에 학생들이 무엇을 배울지 생각하니 제가 더 황망하네요.

긴 시간 대화를 통해 자신의 성급함을 사과했지만, 자존심이 상하고 화가 나는데 마음을 다스리며 상담하는 동안 앞으로 학교 현장을 지켜 나갈 후배들의 미래가 걱정돼 속도 상하고 울적해지더라고요.

충분히 그런 감정을 느끼실 만합니다. 그래서 주변에 20년이 넘는 경력자들이 명예퇴직에 대해 많이 생각하시는 듯합니다. 슬픈 현실이죠.

떠나는 저를 부러워하는 후배님들을 보니 저도 맘이 짠합니다. 우울해지네요.

그래도 후배들에게 힘나는 이야기를 많이 해 주세요. 사실 군대도 갔다 오고, 사회생활도 해 보고, 교직에 들어오신 분들이 그래도 교사만큼 좋은 직장은 없다고 말들을 합니다. 저도 그렇게 생각하고 있고요.
다만 선생님처럼 나갈 때 당당하게 나가시는 아름다운 은퇴가 될 수 있도록 최선을 다하라고 말하고 다닙니다.

그럼에도 불구하고 지금 여기를 정성껏 살아야 합니다. 그렇죠?

맞습니다. 교직이 끝났다고 인생이 결승점에 도달한 것이 아니라, 제2의 인생을 위한 반환점이라고 보면 지금부터 다시 힘을 내셔야죠.

《성경》의 〈전도서〉 말씀에 "헛되고 헛되니 모두 헛되다"라는 구절이 생각납니다. 그리고 멋지고 존경하는 인생 선배님들이 공통적으로 어디에 있든, 어떤 일을 하든 늘 아쉬움과 후회를 안고 살아간다고 말씀해 주셨으니 나를 슬프게 하는 일들은 뒤로하고 얼른 지금 여기로 돌아와야겠죠?

멋진 구절과 뜻깊은 말씀이십니다. 장시간 대화를 나누었는데요, 내가 기억하는 학생, 학부모, 동료 교사 이야기를 이제 마무리할까 합니다.
마지막으로 제자나 학부모들에게 하고 싶은 말씀이 있을까요? 지금까지는 교사 대상으로 말씀하셨으니까요.

아이들에게 이야기해 주고 싶은 것은 "독립해라", 그리고 "약속한 일에 책임을 져야 한다"입니다. '독립'은 '자기주도 학습'과 비슷한 듯하지만 좀 더 넓은 의미인 자주성과 비슷한 의미를 담아 이야기해 주고 있어요. 부모 상담 때도 자녀의 독립에 대해 대화를 시도합니다.
독립성을 기르기 위해 해야 할 것과 하지 않아야 할 것을 정해 약속을 세우는 울타리 만드는 작업부터 함께 해야 한다고 말해주고 싶어요. 또한 습관이 될 수 있도록 부모님도 꾸준히 함께 실천해나가야만 하고요. 즉 "약속한 일에 책임을 져야 한다"는 말은 약속을 지키지 않았을 때 '대가를 지불' 해야 한다는 의미죠.

저는 학급 운영 중에 약속을 지키지 않을 경우 꼭 대가를 지불하도록 가르칩니다. 부모 상담 때도 이 이야기를 꼭 해줍니다. 아이를 평가할 때 내 아이가 어제보다 나은 모습으로 했는가를 기준으로 살펴보라고요. 다른 사람을 놓고 비교 평가하면서 서로 힘들어하지는 말라고 합니다.

다만 친구에게서 잘하는 것은 "잘하는구나!" 인정해주고 배울 수 있으면 배울 것을 제안해보라고요. 알아듣는지, 이해하는지 몰라도 계속 이야기해 주셔야 합니다.

6

후회하지 않는 교직을 위한
여러 생각들

비바람에 쓰러진 백일홍을 다시 세워 심으며 했던
지인의 독백을 전해주고 싶습니다.
앞으로는 사회적으로 교사들에게 요구하는 게 더
많아질 거예요.
그때 각자가 힘들다는 생각에만 그치지 말고
동료들과 함께 교육공동체의 힘을 보여주세요.
개인의 가치와 공동선이 균형을 이루며
교육의 가치를 멋지게 실현해내실 거예요.

저는 요새 인공지능을 교육 현장에서 어떻게 잘 녹여낼 수 있을까에 대한 내용의 책을 탈고했습니다. 지금 시대에 필요한, 교사 중 누군가는 이야기해야 한다고 생각해서 교육 정책과 학교 교육에 대한 접목 등을 다루는 글입니다.

와, 시의적절한 주제이네요. 역시 교육 현장을 바라보는 주호 선생님의 시선은 앞서가고 있네요. 저는 학생들과의 관계보다 학부모와의 관계에 관심과 시선이 가고 있어요.

학부모와의 관계에 고민하고 계시군요. 혹시 교직에서 후회되는 일이나 생각들이 있으신지요? 또는 이건 참 잘한 선택이나 일이었다는 게 있으신지요? 학부모와의 관계에서 어떤 부분에 관심과 시선이 가는지도 말씀해 주세요.

교직에서 후회되는 일은 참 많아요. 퇴직을 앞두고 주신 질문에 지난 시간들을 떠올려봅니다. 어려서부터 교육과 관련된 사람들에 둘러싸여 자라서인지 교사가 되어야겠다는 생각도 자연스럽게 싹텄고, 교사가 되어서도 어색함이나 어려움 없이 시작해서인지 젊은 시절에 자기 평가의 시간을 많이 가지지 못했던 게 후회됩니다.

그 결과로 '나'를 대표할 만한 뚜렷한 결과물이 없는 게 아쉬워요. 승진에 대해 생각도, 도전도 너무 무심하게 흘려보낸 게 아니었나 하는 아쉬움도 있고요.

잘한 선택이라면, 육아휴직을 들 수 있겠네요. 강원도에서 근무하던 남편이 서울로 이동이 안 돼 서울에서 혼자 아이를 양육하며 지낼 때 육아휴직제도가 생겼어요. 처음 도입된 제도여서 휴직 교사에게 많은 불이익이 있었지만, 둘째 아이 낳고 육아휴직을 한 것은 잘한 선택이었다는 생각이 듭니다. 그리고 그 뒤 과감히 도간 전출을 해서 강원도로 옮긴 것은 정말 잘한 선택이었고요.

그렇게 강원도에서 근무하게 되셨군요. 승진에 대한 후회가 있으시다고요?

승진에 대한 후회는 요즘 아이들과 현장에서 부딪히는 일들과 업무를 감당하기 버겁다는 생각이 들어서 해봤어요.

혹시 교직이 아니라 인생에서 후회가 되는 점이나 사건은 없으신가요?

인생에서 후회되는 일은 내게 맡겨주신 두 아이의 진로에 대해 너무 무심했던 게 아닌가 하는 거예요. 큰아이의 학창 시절에 저는 늘 내가 해야 할 다음 일만 생각하며 분주하게 달려갔지 아이의 생각을 들어주지는 못했어요.

큰아이가 대학 시험을 치러 간 날도 강원도연수원에서 연수를 듣고 있었던 내 모습이 참 많이 후회되고 미안해요. 아이는 혼자 서울로 정시 시험을 보러 갔어요. 그날 아침에 눈이 내려서 어렵게 학교에 도착했고, 논술 시험을 9시부터 5시까지 치렀죠. 주어진 점심시간 안에 밥을 먹으러 갈 곳도 마땅치 않고, 시간도 부족해서 굶었다는 이야기를 듣고 많이 후회했어요. 그 일을 다시 떠올리니 후회의 눈물이 또 고입니다. 사실 후회라는 단어로는 표현하기가 너무 부족합니다.

그러시군요. 부모로서 자녀에게 잘 못 해준 것이 마음에 남는 듯합니다. 저도 자녀들한테 못 해준 것들이 항상 뇌리에 남더라고요. 그래도 아이들은 성인이 되면서 건강해지더군요. 부모가 사랑으로 자신들을 지켜본다는 믿음이 큰 도움이 되는 것 같습니다.

맞아요. 지금은 각자 자기 자리에서 열심히 살고 있어

요. 그런데도 그때의 미안함은 제 가슴 한편에 쌓여 있습니다.

상처 없는 삶은 없겠죠. 우리도 그렇게 성인이 되었으니까요. 교직에서 얻은 상처들도 당시에는 쓰라리고 힘들지만 언젠가는 재산이 되는 것 같습니다. 최근 스물여섯 살 공무원이 직장 내 괴롭힘으로 자살했다는 기사를 보고 마음이 아팠어요. 그런 어려움에 대한 회복탄력성을 어린 시절부터 키워야 했는데, 하는 생각도 나고요.

앞서 요즘 교실에서 아이들에게 해주는 말이 '독립'이라고 했는데, 지금 예로 든 사건들을 보면서 더욱 확고한 저의 교육철학이 되었습니다. 요즘 아이들은 스스로 생각하는 힘이 너무 없어요.
<무엇이든 물어보세요> 프로그램을 보는 것 같아요. 가정에서부터 자신의 행동에 책임지고, 이에 대한 자기 나름대로의 해결 방안을 세워 실천해봐야 하는데, 이걸 엄마와 아빠가 모두 해주니 그 아이들이 성장이 안 된다고 생각합니다.
온종일 "선생님~"을 외쳐대는 아이들을 보면서 걱정이 쌓입니다. 아까 학부모들을 바라보는 시선에 대해 질문하셨는데, 이 점이 한 부분이기도 합니다.

😊 물질은 풍요로워졌지만, 정서적인 피폐가 점차 심해지는 듯합니다.

👩 그렇지요. 이제 교육 현장에서 떠날 준비를 하면서 학부모들을 만나고 싶다는 생각이 들게 된 까닭이기도 합니다.

😊 교사들이 퇴임을 하더라도 선생님과 같은 활동을 하셔야 한다고 생각해요. 은퇴가 아니라 새로운 도약의 길을 가야지요. 사실 교직에 있는 동안 쌓은 경험이 사장된다는 게 너무 안타깝습니다.

👩 감사합니다. 매일 주님께 기도하며 준비하고 있습니다. 기도해 주세요.

😊 우선은 가까운 사람들부터 해보시길 권유드립니다. 교직자 가정이라고 해도 자신들의 매듭을 풀지 못하는 것을 자주 봅니다.
우리나라의 부모라면 모두가 학부모로 힘든 굴레에서 헤매더라고요. 그래서 교사 출신 자녀들을 포함한 가정부터 상담을 해보시는 게 좋을 듯하네요. 제 아내는 주변의 일반 친구들이

나 심지어 자신이 다니는 헤어숍 사장에게까지 상담가 역할을 하더군요.

감사해요, 좋은 생각을 나눠주셔서. 지금은 교회학교 학부모 성도와의 나눔을 진행하고 있어요. 그리고 매일 스스로 점검하곤 합니다. 왜냐하면 오랜 시간 교사로서의 삶에서 쌓인 습관과 제 성격상 충고, 조언, 평가, 판단을 엄청나게 하는 걸 알기 때문이죠.

뭐든지 자연스러운 게 좋은 것 같습니다. 욕심내지 않고 지금 나에게 주어진 상황에 맞게 행동하고 실천하는 게 최선이 아닐까 싶습니다. 인생 100세 시대에 이제 선생님은 반을 조금 넘게 지나 오셨습니다. 아직 40년 가까이 남으셨어요.

그러네요. 남은 40년, 그동안 누린 삶을 나누며 살아가려면 제 몸과 마음을 건강하게 잘 지켜야겠네요.

이번에는 주제를 바꿔서 자녀들이나 제자들과의 생활 중에 또는 교직생활 중에 기쁨이나 행복감을 준 사건이나 일에 대해 말씀해 주실 수 있을까요? 제가 오늘 정말 추억 돋는 질문을 많이 해서 힘드신 줄 알지만 부탁드릴게요.

👩 감사해요, 오랜만에 추억을 소환해 주셔서. 제자들과의
일 중에서는 첫 발령을 받고 6학년 담임을 하며 만난 아이들
과의 추억이 아직도 생각납니다. 얼마 전 그 아이들이 만들어
준 사진첩과 편지들을 찾아서 읽어보았어요. 편지 한 장 한 장
에 담긴 아이들의 생각과 마음이 지금도 여전히 느껴져 한참
을 보았습니다.
40년 전엔 아이들이 글씨도 정말 잘 썼구나, 편지 글도 정말 잘
썼구나 감동하며 읽었어요.

👦 그 당시 제자들의 편지를 아직도 가지고 계시다니 대단
하시네요.

👩 아이들이 사진첩을 만들어주었는데, 한 줄 이야기에 "결
혼하세요"가 가장 많았어요. 반가도 불러보면서 추억 소환을
제대로 해보았습니다. 지금도 감동을 주는 아이들이죠.

👦 교사들에게는 제자들이 걱정거리이자 힘을 주는 원천인
것 같습니다. 더 하고 싶은 이야기가 없으시면 이제 마무리를

하려 합니다.

마지막으로, 교직에서 힘겹게 버티고 있는 교사들에게 힘내라는 의미의 말씀 부탁드릴게요.

교직 생활의 기쁨이나 행복감은 올해 퇴직을 준비하면서 지내는 시간이라는 생각이 듭니다. 오늘도 하루하루를 정성껏 살고 마무리할 수 있는 게 행복이자 기쁨이죠. 지금 코로나-19로 인해 사회의 변화 못지않게 달라진 학교생활의 커다란 벽을 마주하고 있는 후배들에게 어떤 말이 필요할까 생각해 보았습니다.

"쓰러질지언정 부러지지는 말자."

비바람에 쓰러진 백일홍을 다시 세워 심으며 했던 지인의 독백을 전해주고 싶습니다. 앞으로는 사회적으로 교사들에게 요구하는 게 더 많아질 거예요. 그때 각자가 힘들다는 생각에만 그치지 말고 동료들과 함께 교육공동체의 힘을 보여주세요. 개인의 가치와 공동선이 균형을 이루며 교육의 가치를 멋지게 실현해내실 거예요. 마음 담아 기도하며 응원하겠습니다.

7

퇴직 이후의 삶을 그리며

교사라는 직업에 대한 생각이 달라져 있어요.
학교 구성원 대부분이 교사였을 때는 교사의 업무가
초인적 수준이었기 때문에 접근하기 어려웠다면,
지금은 교사와 행정 및 교육지원 업무 직원의 수가
많아졌기 때문에 힘의 균형에 따른 게 아닐까요?

이제 "퇴직 이후의 삶을 그리며"라는 주제로 대화를 나누겠습니다. 퇴직 이후의 삶이 저한테는 꿈같은 이야기인데요. 퇴직을 위해 무엇을 준비하고 계시는지요?

이제 '퇴직'이 꿈같은 이야기라고 하시니 선생님이 아직 젊다는 것이어서 부럽고 감사한 일로 들리네요. 퇴직 이후의 삶에 대한 질문에 머릿속이 텅 빈 것 같은 고요함이 밀려옵니다. 왜냐하면 구체적으로 생각한 게 없기 때문이에요. 다만 퇴직 이후에는 어떤 삶을 살아야 할까, 그 방향은 생각해 보았습니다.
사실 명퇴를 생각하게 된 계기는 고령의 친정어머니를 돌보기 위함이었죠. 어머니가 1997년의 삶을 예수님 모르고 사시다가 예수님을 만난 지 2년 되셨어요. 그래서 어머니의 남은 시간에 어머니 곁에 더 많이 머무르며 그간 받은 사랑을 돌려드리고 싶어 결정했죠. 그런데 하나님께서 어머니를 제 생각보다 일찍 천국으로 불러주셨어요. 그래서 퇴직 후 삶의 목표를 수정해야 하는 상황입니다.

그렇군요. 그럼 어떤 방향으로 수정을 생각하고 계신지 생각할 기회를 드릴게요. 잠시 생각해보시고, 퇴직 후에 할 버

킷리스트 2개 정도만 말씀해 주실 수 있을까요?

네. 어머니를 보내면서 '웰다잉(well-dying)'에 대한 생각을 하게 되었습니다. 누구에게나 한 번은 닥치는 자연스러운 삶의 과정인 죽음을 맞이하는 이들에게 그리스도의 사랑을 전하며 돕는 일이 필요하겠다는 생각을 해보았어요. 그래서 퇴직 후에 기회가 된다면 호스피스 교육을 받을 생각입니다.

또 하나는, 요즘 인기 있는 〈금쪽같은 내 새끼〉라는 프로그램이 있잖아요. 40여 년의 교직 생활에서 얻은 생각과 경험을 필요한 이들과 나누는 일을 하고 싶어요. 먼저 가까운 지인들과 나누고 있어요. 기회가 주어진다면 지역을 위해 이 나눔을 키워보려고 합니다.

맞습니다. 나눠야 합니다. 학교 현장에서 쌓은 노하우를 풀어놓으셔야 하는데, 이게 마치 잊혀진 지식이나 방법론으로 인식되는 게 안타깝습니다.

구체적인 실행 계획은 아직 없지만 준비해보려고 합니다. 혹시 저 같은 사람이 도울 수 있는 기회의 장이 있다면 알려주세요. 달려가겠습니다.

깊은 고민과 경험이 필요한 자리에 꼭 함께하셔야 한다고 봅니다. 그럼 이제 주제를 바꿔볼게요. 강원교육정책에 좋은 소리, 쓴소리를 한번 해주시죠. 이게 또 생각의 정리가 필요하리라 봅니다. 현재 시행 중이거나 시행되었던 것 중에서 굿(good), 배드(bad) 정책에 대해 이야기를 나눠보시죠.

오래전부터 교육과정 운영의 일선에서 물러나 있었기 때문에 생각을 좀 정리해봐야 할 것 같아요.

어렵지만 교육과정에 대한 고민이 듣고 싶네요. 저도 교육과정 책을 썼지만, 아직도 교육과정은 잘 모르겠어요.

교육정책에 대한 이야기를 나누기엔 제가 소양이 많이 부족해서 접근하기 어렵네요. 지난 교육 경력의 70%를 강원도 교육에 속해 있었으니 조심스럽게 소리를 내봅니다.

조심스럽지 않으셔도 됩니다. 고견을 말씀해 주세요.

최근에 6학급 규모의 학교와 25학급 이상 큰 학교에 근무해보았습니다. 강원 교육의 좋은 점은 교사들의 소통이 잘

되고 헌신적이라는 점이었어요. 작은 학교에서 이루어지는 많은 행사들이 모든 교직원의 협력으로 즐겁게 이루어졌고, 그 결과가 보람 있지 않았나 생각합니다.

코로나-19 이전의 경험이지만, 아마 지금도 작은 학교에선 최고 지성 집단의 힘으로 학생들에게 최선의 것을 전해주려 노력하고 있겠죠. 작은 학교 희망 살리기는 강원 교육뿐 아니라 대한민국 농어촌 소규모 학교에 공통된 상황일 겁니다.

그런데 한편 제가 느끼는 교육 현장의 아쉬움도 작은 학교 희망 살리기 프로젝트에 있어요. 3년 전 전교생이 40~50명인 작은 학교에서 근무하다 다인수 학교로 이동했어요. 담임을 맡아보니 학급당 학생수가 27명인 거예요.

물론 다인수 학급에서의 수업 내용이 역동적이고 다양해서 좋았는데, 문제는 현장체험 활동이나 마을학교 프로그램에 접근할 수가 없었어요. 작은 학교 희망 살리기를 위해 소규모 학교에서는 현장체험 활동이 용이했는데, 이곳에서는 현장체험 활동을 하려면 이동에 필요한 교육청 버스를 이용하기가 하늘의 별 따기여서 포기하는 게 많았어요. 또한 학생 수에 비해 경제적 지원이 많이 차이 나서 역차별이 아닌가 하는 생각도 들었고요.

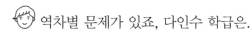 역차별 문제가 있죠, 다인수 학급은.

강원도는 전체적으로 보면 작은 학교를 살려야 하는 게 맞아요. 그럼에도 불구하고 너무 이분법적 논리로 행정을 진행한다는 생각이 들었어요. 다인수 학급 담임교사로서 아쉬움이 컸습니다. 그래서 체험학습 기회를 폭넓게 선택할 수 있도록 차량 지원과 체험활동 예산 지원의 균형을 잡아주면 좋겠다는 생각을 해보았습니다.

좋은 지적이십니다.

작은 학교 살리기라는 명목으로 예산을 무분별하게 세울게 아니라 이제는 소프트웨어적인 예산 지원보다 하드웨어 이동을 위한 지원 체계 등에 신경을 써야 할 때라는 생각입니다. 언제부턴가 작은 학교 학부모님들은 아주 작은 것까지도 무상으로 해주는 게 너무 당연하다는 생각을 하게 되었고, 그 결과 학교에 무리한 요구를 하는 분도 보았습니다.

맞습니다. 그런 부분이 문제가 되고 있죠.

강원교육의 미래상이 "모두를 위한 교육", 강원교육 지표가 "행복한 학교 함께하는 강원교육"이잖아요.

슬로건에 맞는 교육이 저도 필요하다고 봅니다. 정치가 아닌 교육이 되길 바랍니다.

모두가 행복하기 위해 우리는 '평등'이라는 단어를 생각하게 됩니다. 그런데 평등이 곧 '공평'은 아니라는 점을 잊고 있는 것 같아요.
평등과 공평의 균형이 맞아야 모두가 행복한 교육이 되겠지요? 이 두 가지를 따로 떼어놓고 생각할 수는 없어요. 그래서 교육 정책을 세우고 실행하기가 얼마나 어려운지 알고 있기에 짧은 생각을 나눠보았습니다.

원론적인 이야기지만, 이런 부분에 대한 접근이 우선시되어야 한다고 봅니다. 어떤 교육 정책 공약보다는 그 바탕이 무엇인지가 중요하다고 봅니다. 그런 면에서 교육감직선제는 미래와 교육을 생각한다면 역행하는 제도가 아닌가 하는 생각도 해봅니다.

저는 교육감의 임기에도 문제가 있다고 생각합니다. 교장 중임제도에도 교육 현장의 질서가 무너지는 사례를 보게 되는데 교육감 삼선제도는 바뀌어야 한다고 생각합니다.

저도 교육은 정치로부터 독립되어야 한다고 생각합니다. 교육이 정치의 도구가 되는 듯해서 마음이 아픕니다.

저 역시 공감합니다. 지금 강원교육정책에 대해 이야기를 나누고 있는데요, 사실 강원도뿐만 아니라 이 모든 이야기가 교육 전반에 일어나는 문제들인 것 같습니다.

그렇죠. 대한민국 교육의 틀 안에서 이뤄지는 거니까요.

교사의 복지는 참 많이 향상되었다고 생각해요. 그 점은 칭찬받아 마땅하다고 봅니다. 과거에는 너무 융통성이 없었죠. 지금처럼 자녀 운동회 참가는 꿈도 못 꿨던 기억이 납니다.

맞아요. 강원 교육이 앞서 있지요.
교사 복지는 정말 최상이라고 생각합니다. 그중에서 베스트 오브 베스트가 속초입니다. 타 시도에서 속초가 한 5년 전에 했던 것을 이제 한다고 자랑하는 내용이 기사화되는 걸 보면 실소가 나오죠.

속초 교육공화국은 교사들에게 천국이라는 생각이 듭니다. 다만 이를 이용해서 자기 것만 취하는 선생님들이 간혹 보여서 속상할 때가 있기는 하죠.

👧 저도 걱정이 앞섭니다. 아까 말씀드린 소규모 학교에서 너무 많은 활동을 무상으로 지원하다 보니 학생들이나 부모들이 감사하기보다는 부족함을 불평한다고 했지요. 속초 지역 교사들이 점점 개인적인 양상을 보이고 있어서 걱정입니다. 지금 우리가 누리는 복지는 꿩장히 수준 높은 지원이라는 것을 알고 먼저 감사하는 문화가 퍼져 나가길 바랍니다. 남은 시간에 그 에너지를 흘려보내고 가야겠다는 생각이 들었어요.

👦 나가는 날까지 많은 흘려보냄을 실천해 주세요. 지금 교직을 시작했거나 경력이 적은 교사들은 지금의 교육 현실이 전부라고 보는 것 같아서 안쓰럽기도 합니다. 뭔가 벽을 만나면 모두 포기하거나 회피하는 것 같은 느낌이 듭니다. 한번 부딪쳐보고 깨지면서 배우는 것을 너무 힘들어하는 것 같아요.

그렇군요. 선생님은 신규 교사들을 많이 만나시니 체감을 하시는군요.

그런 편이죠. 제가 너무 기대감이 높아서 그런 것도 있을 겁니다. 안정적인 길보다는 아무도 가지 않은 길을 가볼 것을 권유하는 편이라서요. 아마 저한테 수업 지도를 받으시는 분들은 좀 힘들 겁니다.

힘들지만 축복이기도 한 것 같아요. 조금 속된 표현인지 몰라도 빡세게 알려주는 선생님을 만나 함께할 수 있다는 게요.

주제를 바꿔볼까요?
과거에 비해 교사를 제외한 교직원 및 직원분들과의 관계가 달라졌죠. 과거에는 일종의 상하관계였다면 지금은 수평관계라는 생각이 듭니다.

교사라는 직업에 대한 생각이 달라져 있어요. 학교 구성원 대부분이 교사였을 때는 교사의 업무가 초인적 수준이었기 때문에 접근하기 어려웠다면, 지금은 교사와 행정 및 교육

지원 업무 직원의 수가 많아졌기 때문에 힘의 균형에 따른 게 아닐까요?

교육 행정직으로 자리를 이동하면 교실 현장의 치열함을 잊게 되나 봅니다. 단지 요즘 교사의 업무를 많이 줄여 주었다는 생각에 필드에 있는 현장 교사에 대한 생각이 달라지나 봅니다. 물론 공문 처리나 소소한 업무는 줄었지만, 교사의 가장 큰 사명인 학생과 학부모들이 무섭게 변해 있다는 것을 간과하고 있는 듯해 가끔 마음이 많이 상할 때도 있습니다.

시대가 변하고 직위가 변해도 교사의 마음은 변치 않았으면 합니다.

우리의 마음이 변치 않고 나갈 수 있도록 다시 교사들의 공동체 모임이 활성화되도록 정책적인 지원이 계속됐으면 좋겠습니다. 퇴직 이후의 삶에 대해 이야기를 나누다 보니 교육과정, 학교조직의 이야기까지 나누었네요.
그럼 이제 마무리해볼까요? 저와 3개월 넘게 해당 책의 내용에 대해서 이야기를 나누셨는데, 이에 대한 소감의 말씀 듣고 마무리하죠.

저의 인생 1막은 학창 시절, 2막은 교사 시절, 3막은 퇴직 이후의 삶이라 구분한다면 인생 2막, 40년 교사 생활을 정리할 기회를 얻는 기쁨을 누릴 수 있도록 멋진 후배 선생님을 만나게 하신 하나님께 감사합니다.

그리고 용기 주시고 함께해주신 문 선생님께 정말 감사해요. 저자신이 어디 하나 내놓을 게 없는 부족함투성이지만 선생님이 용기를 주셔서 도전하게 되었어요. 그런데 이야기를 나누다 보니 대부분 시작과 끝 이야기로만 이루어진 것 같아요.

지금의 '나'는 그 사이 함께한 시간들과 경험의 산물이기에 소리 내어 말하지 못한 그 시간들 속에 함께한 모두에게 고마움을 전합니다.

"여호와가 너를 항상 인도하여 메마른 곳에서도 네 영혼을 만족하게 하며 네 뼈를 견고하게 하리니 너는 물 댄 동산 같겠고 물이 끊어지지 아니하는 샘 같을 것이라."

《이사야서》 58장 11절의 말씀을 새기며, 얼마 전 읽은 그림동화 《오리건의 여행》에서의 듀크처럼 또 따른 나를 찾아 떠나는 여행이 기대가 됩니다.

이제 대단원의 막을 내립니다. 선생님의 앞날에 축복과 건강이 함께하시길 바랍니다. 감사합니다.

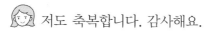 저도 축복합니다. 감사해요.

이상으로 마칩니다.

교사 반성문

원로 여교사와 중견 남교사의 에듀레터

박윤숙 · 문주호 지음 | 152쪽 | 값 13,000원

글쓴이 **박윤숙**

서울교육대학교 졸업, 강릉원주대학교 상담심리 석사과정 졸업하고 현재 청봉초등학교에서 교사로 근무하고 있다. 서울과 강원교육에서 40년간 재직하며 좋은 교사가 되려고 노력하며, 지금 여기에서 정성껏 아이들과 만나고 있다.
• 저자 연락처 : p-clear@hanmail.net

글쓴이 **문주호**

연세대학교 관리과학대학원을 졸업하고 현재 청봉초등학교에서 수석교사로 근무하고 있다. 강원세계시민교육연구회 회장이며, 다양한 저서와 강의를 하고 있다. 저서로는《드디어 공부가 되기 시작했다》,《옆집아이 성적의 비밀, 건강에 있다》,《유초등생활백서》,《대한민국 10대 건강은 하십니까》《세계시민교육》등이 있다.
• 저자 연락처 : jadaicome@hanmail.net

새우와 고래가 함께 숨 쉬는 바다

교사 반성문
- 원로 여교사와 중견 남교사의 에듀레터

지은이 | 박윤숙 · 문주호
기획 | 문주호
펴낸이 | 황인원
펴낸곳 | 도서출판 창해

신고번호 | 제2019-000317호

초판 인쇄 | 2022년 1월 10일
초판 발행 | 2022년 1월 17일

우편번호 | 04037
주소 | 서울특별시 마포구 양화로 59, 601호(서교동)
전화 | (02)322-3333(代)
팩시밀리 | (02)333-5678
E-mail | dachawon@daum.net

ISBN 979-11-91215-35-9 (03370)

값 · 13,000원

Publishing Club Dachawon(多次元)
창해·다차원북스·나마스테